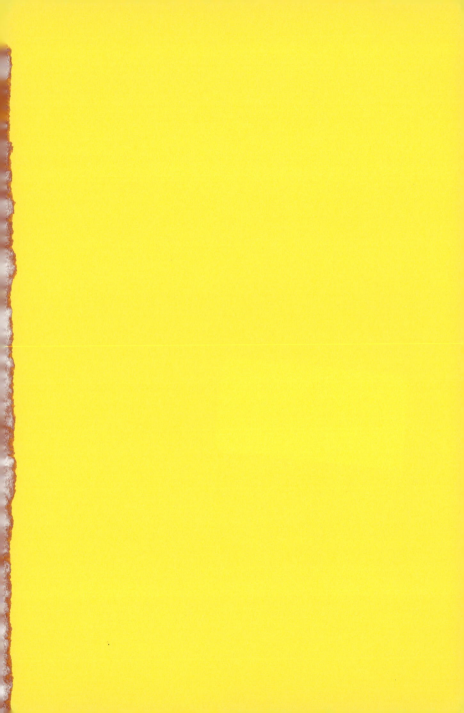

365日の最強開運法

たかみー 著

はじめに

日々の暮らしの中で、運気という目に見えない力を感じたことはあるでしょうか?

私たちが何気なく過ごしている毎日の中には、実は多くのチャンスや、タイミングなど、さまざまな巡り合わせが潜んでいます。そんな運の流れを味方につけ、幸運を引き寄せるために役立つのが、『365日の最強開運法』です。

本書では「365日+1日」の1年を通じて「その日にしたいこと」や「避けたいこと」を紹介しています。私たち日本人が古くから大切にしてきた「二十四節気」や「七十二候」といった暦の知恵を基に、記念日や年中行事を通じた日々の運気を高めるためのアクション、注意すべきポイントなどをわかりやすくまとめました。

運気を向上させる方法として紹介している内容は、決して難しいことではありません。

たとえば、旬の食材を食事に取り入れたり、感謝の気持ちを伝えたり、不要なものを処分するなど誰でも簡単に実践できることばかりです。

一方で、避けたいこととしてお伝えするのは、その日の注意点や、運気を下げる習慣です。これらを意識するだけで、良い運気を引き寄せることができるでしょう。

二十四節気や七十二候といった暦の考え方は、私たちの生活に深く根付いているにもかかわらず、現代ではその意味が薄れつつあります。

しかし、これらの暦が示す季節の変化や自然のリズムは、私たちの心身や運気に影響を与えるものです。たとえば、立春のころは新しいことを始めるのに最適な時期であることや、夏至のころはエネルギーが満ちているため、新しい挑戦をすることで大きな成果を上げやすいといった開運のタイミングが多くあります。

こうした暦の知識を現代の生活に取り入れることで、日々の生活がより充実し、調和の取れたものになることでしょう。

本書は、日々の小さなアクションを積み重ねることで、運気を向上させることを目的としています。せわしない毎日の中でも、1日の始まりに本書を開き、その日の「ラッキーアクション」や「避けたいこと」をチェックしてみませんか？　これは、単なる運気を上げるための行動ではなく、心のリセットや、自分自身と向き合う時間を作ることにも繋がります。
また、私たちが忘れがちな「心の余裕」を取り戻すためにも重要なことです。

心が穏やかな日も、そうでない日も、毎日のアクションを通じて、少しずつ運気が上昇していくことを実感していただければ幸いです。たった1つの行動が、思いがけない幸運をもたらすこともあります。この本が、みなさんの幸せな未来へのサポートとなることを、心から祈っています。

『365日の最強開運法』が、あなたの人生に幸運と豊かさをもたらす日常のパートナーとなりますように。

たかみー

2024年12月

この本の読み方

毎日チェックするだけで、幸運を引き寄せるための「その日のラッキーアクション」や「避けたいこと」がわかります。本書では、日本人に古くから受け継がれてきた「二十四節気」や「七十二候」などの暦をベースに、1月1日から12月31日まで、季節や暦に合った運気を上げる行動・食べ物・行事の楽しみ方などを紹介しています。

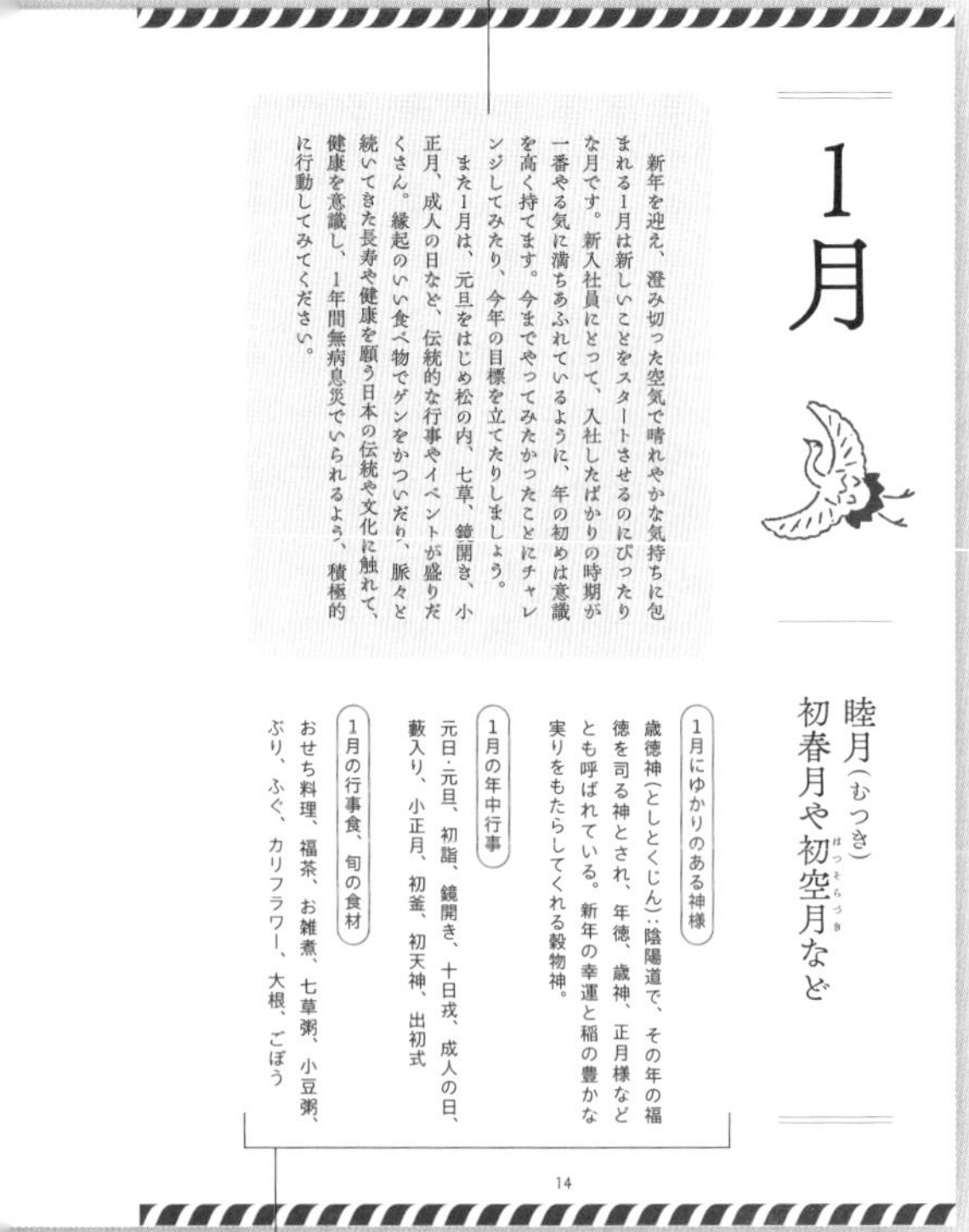

1月

睦月（むつき）

初春月や初空月《はつそらづき》など

新年を迎え、澄み切った空気で晴れやかな気持ちに包まれる1月は新しいことをスタートさせるのにぴったりな月です。新入社員にとって、入社したばかりの時期が一番やる気に満ちあふれているように、年の初めは意識を高く持てます。今までやってみたかったことにチャレンジしてみたり、今年の目標を立てたりしましょう。

また1月は、元旦をはじめ松の内、七草、鏡開き、小正月、成人の日など、伝統的な行事やイベントが盛りだくさん。縁起のいい食べ物でゲンをかついだり、脈々と続いてきた長寿や健康を願う日本の伝統や文化に触れて、健康を意識し、1年間無病息災でいられるよう、積極的に行動してみてください。

1月にゆかりのある神様

歳徳神（としとくじん）：陰陽道で、その年の福徳を司る神とされ、年徳、歳神、正月様などとも呼ばれている。新年の幸運と稲の豊かな実りをもたらしてくれる穀物神。

1月の年中行事

元日・元旦、初詣、鏡開き、十日戎、成人の日、藪入り、小正月、初釜、初天神、出初式

1月の行事食、旬の食材

おせち料理、福茶、お雑煮、七草粥、小豆粥、ぶり、ふぐ、カリフラワー、大根、ごぼう

14

月ごとのメッセージ

各月ごとに、その月の行事や取り組むといい行動、著者からのメッセージなどが記載されています。

ゆかりのある神様

年中行事

行事食、旬の食材

季節や行事にゆかりのある神様や、その月の伝統的な事柄・宮中での公事のほか旬の食材を紹介しています。旬の食材を食べることは、おいしさだけでなく、健康にもいいとされています。また、季節の初めに収穫される「初物」は縁起が良いとされ、昔から「食べると寿命が75日延びる」と言われるほど開運に繋がる食べ物です。

上段：二十四節気
下段：七十二候

二十四節気は、太陽の動きに基づいて1年を24に分けた暦で、季節を予測するために使われています。七十二候は、二十四節気をさらに約5日ごとに分け、1年を72に分けたものです。四季にめぐまれたわが国では、こうした暦を通じて季節の移ろいを体で感じ、自然と共生をしてきました。

1月

1日
元旦

冬至（とうじ）

雪下出麦（ゆきわたりてむぎのびる）

初日の出を見たり、初詣に行くと、より清々しい気持ちで新年を迎えることができるでしょう。また「あけましておめでとう」と口に出すことで、無事に歳神様と新年をお迎えできた喜びを表すことになります。そのほか、ゲンかつぎの食べ物がたっぷり入ったおせち料理やお雑煮を食べること、今年やりたいことを書いた夢リストを作ること、歯ブラシやタオル、下着など新しいものを使い始めるのもいいでしょう。

一方、やってはいけない行動として、元日は〝1年の縮図〟と言われているため、お金を使いすぎないようご注意を。ただし、参拝のお賽銭などは気にしなくて大丈夫です。また、理由は諸説ありますが、火や台所を司るかまどの神様に休んでもらうため、刃物を使ったり、煮炊をしたり、掃除・洗濯をしたりすることも避けたほうがいいとされています。

2日
初夢の日
書初め

初夢とは、新年を迎えて初めて寝た日の夜に見た夢のことで、一般的に元日から2日にかけて見た夢を指します。「一富士二鷹三茄子」ということわざがあるように、富士は「不死」「無事」、鷹は「高い」、茄子は「成す」を表し、これらが出てくる夢を見ると縁起が良いとされています。いい新年のスタートを切るためにも、せっかくならいい夢を見たいですよね。いい夢を見るためには、ハーブティーを飲んだり、アロマを焚いたり、パジャマの素材にこだわるなど、リラックスした環境を整えることが大事です。

15

毎日のアクション

毎日チェックするだけで、邪気を祓い幸運を引き寄せる「その日のラッキーアクション」や「避けたいこと」などを紹介しています。

※1月1日の「元日」のように日にちが固定されているものもあれば、「成人の日」や「母の日」のように、「○月の第○月曜日」と定められ変動するものもあります。また、「春分の日」と「秋分の日」は、法律に具体的な月日は定められておらず、天文学上の言葉である「春分日」と「秋分日」とされています。本書では代表的な暦上の日を掲載しています。

Part 1
365日の運気が上がるはなし

Part 2

もっと神様と仲良くなって開運するコツ

Part 1

365日の運気が上がるはなし

1月

1月は、元旦をはじめ松の内、七草、鏡開き、小正月、成人の日など、伝統的な行事のほか111のゾロ目がそろう1月11日など開運のチャンスがたくさん！　1に関するゾロ目は「勢い」や「願望実現」を意味しますので、夜空を見上げ夢や目標を明確にするといいでしょう。

1月

新年を迎え、澄み切った空気で晴れやかな気持ちに包まれる1月は新しいことをスタートさせるのにぴったりな月です。新入社員にとって、入社したばかりの時期が一番やる気に満ちあふれているように、年の初めは意識を高く持てます。今までやってみたかったことにチャレンジしてみたり、今年の目標を立てたりしましょう。

　また1月は、元旦をはじめ松の内、七草、鏡開き、小正月、成人の日など、伝統的な行事やイベントが盛りだくさん。縁起のいい食べ物でゲンをかついだり、脈々と続いてきた長寿や健康を願う日本の伝統や文化に触れて、健康を意識し、1年間無病息災でいられるよう、積極的に行動してみてください。

睦月（むつき）
初春月や初空月《はつそらづき》など

1月にゆかりのある神様

歳徳神（としとくじん）：陰陽道で、その年の福徳を司る神とされ、年徳、歳神、正月様などとも呼ばれている。新年の幸運と稲の豊かな実りをもたらしてくれる穀物神。

1月の年中行事

元日・元旦、初詣、鏡開き、十日戎、成人の日、藪入り、小正月、初釜、初天神、出初式

1月の行事食、旬の食材

おせち料理、福茶、お雑煮、七草粥、小豆粥、ぶり、ふぐ、カリフラワー、大根、ごぼう

冬至(とうじ)

雪下出麦(ゆきわたりてむぎのびる)

1日

元旦

初日の出を見たり、初詣に行くと、より清々しい気持ちで新年を迎えることができるでしょう。また「あけましておめでとう」と口に出すことで、無事に歳神様と新年をお迎えできた喜びを表すことになります。そのほか、ゲンかつぎの食べ物がたっぷり入ったおせち料理やお雑煮を食べること、今年やりたいことを書いた夢リストを作ること、歯ブラシやタオル、下着など新しいものを使い始めるのもいいでしょう。

一方、やってはいけない行動として、元日は〝1年の縮図〟と言われているため、お金を使いすぎないようご注意を。ただし、参拝のお賽銭などは気にしなくて大丈夫です。また、理由は諸説ありますが、火や台所を司るかまどの神様に休んでもらうため、刃物を使ったり、煮炊をしたり、掃除・洗濯をしたりすることも避けたほうがいいとされています。

2日

初夢の日
書初め

初夢とは、新年を迎えて初めて寝た日の夜に見た夢のことで、一般的に元日から2日にかけて見た夢を指します。「一富士二鷹三茄子」ということわざがあるように、富士は「不死」「無事」、鷹は「高い」、茄子は「成す」を表し、これらが出てくる夢を見ると縁起が良いとされています。いい新年のスタートを切るためにも、せっかくならいい夢を見たいですよね。いい夢を見るためには、ハーブティーを飲んだり、アロマを焚いたり、パジャマの素材にこだわるなど、リラックスした環境を整えることが大事です。

3日

冬至

雪下出麦

正月三が日の最終日。翌日から仕事始めの人も多いのでは？　年賀状をチェックして、こちらから送りそびれている人がいないか確認したり、メールの返信を済ませておくと対人運アップに繋がります。

4日

石の日

古来より石には神様が寄りつくと考えられていたことから狛犬《こまいぬ》やお地蔵さんなど、願いがかけられた石に触れると願いが叶うとされています。パワーストーンを購入したり、持っている石を浄化したりすることもいいでしょう。

5日

小寒の始め

小寒（しょうかん）

芹乃栄（せりすなわちさかう）

小寒の始め（1月5、6日）から大寒の終わり（2月3、4日）の立春前までの約1か月間は「寒中」と言って、1年間で最も寒い時期とされています。寒中見舞いは厳しい寒さの季節をお互いに無事過ごせるようにと気遣う慣習です。年賀状の出しそびれ、喪中で年賀状を出せないときの代用としても使えます。

6日

松の内

松飾り（門松）を取り外す。お正月に飾る松飾りを立てておく期間のことを「松の内」と言います。年の暮れに松飾りを立ててお迎えした歳神様に滞在していただく期間で、松を取りつけている間や、神様に待っていただく間などという意味と言われています。一般的には1月6日までとし、6日の深夜または7日の早朝に取り外すのが風習ですが、一部の地域では14日の深夜または15日の早朝など、地方によって異なります。

7日 七草の節句

この日は「七草の節句」または「人日《じんじつ》の節句」と言い七草粥を食べる風習があります。せり、なずな、ごぎょう、はこべら、ほとけのざ、すずな、すずしろの七草を入れたお粥を食べると、1年間無病息災でいられるという願いが込められており、お正月にごちそうを食べた胃腸を回復させる効果もあります。

8日 初薬師

病気や傷を治すご利益をもたらす薬師如来の縁日にちなんで、薬箱や救急箱の中身をチェックするのに適した日です。

9日 クイズ（とんち）の日

クイズ（とんち）の日は「屏風の虎退治」「このはし渡るべからず」でおなじみの室町時代の僧侶・一休さんにちなんで制定されました。クイズなど頭の体操で脳を鍛えたり、謎解きゲームなどイベントに参加するのもいいですね。

10日 十日戎

七福神のうちのひとり・恵比寿様が出稼ぎに出かける日とされた1月10日。商売繁盛の恵比寿様が祀られた神社へ参拝に行ったり、魚料理（特に鯛）を食べるといいでしょう。また恵比寿様のようにニコニコと笑顔を意識して過ごしてみるのも◎。

11日 鏡開き 塩の日

水泉動（すいせんうごく）

お供えしていた鏡餅を下げ、割り砕いて無病息災と延命を祈願して食べる鏡開き。また1が並ぶことで、天使から導きが降りて来る日と言われており、ビブリオマンシー（本を開き、そのページにある言葉で運命を読み解く）をするのもおすすめ。

さらに塩の日なので、盛塩をしたり、粗塩を入れたお風呂に入るのもいいですね。

小寒

12日
豆腐の日（毎月）

語呂合わせで豆腐の日ということで、タンパク質が豊富な豆腐を食べてみては。

13日
成人の日
※年によって変動あり

18歳の若者が成人としての社会的責任を負う大人であることを自覚し、自立することを祝う日です。自分が18歳のころを思い出して、なりたかった大人になれているか振り返ってみませんか？

水泉動

14日
愛と希望と勇気の日

1959年、南極観測隊が南極の昭和基地で前年置き去りになったタロとジロの2頭の犬の生存確認ができた日にちなみ、愛と希望と勇気の日が制定されました。自分の長所を書き出すなど、自分のための時間を取って、周りにも感謝をしましょう。

15日
小正月

明治時代の初期まで日本では、月の満ち欠けを1年の基準にしていました。正月を大正月と呼ぶことに対して、旧暦の1月15日は、最初の満月の日ということで小正月と呼ばれています。小正月は、無病息災を願って小豆粥や小豆を使ったお菓子などを食べると◎。ほかにも、豊作祈願の意味を込めた餅花を飾るのもいいですね。またお正月の門松や注連縄などを持ち寄って燃やすどんど焼きは、お正月にお迎えした歳神様が煙に乗って天に帰るのをお見送りするという意味があり、1月15日に行われることが多いようです。

16日

閻魔賽日

雉始雊（きじはじめてなく）

小正月の翌日は、閻魔《えんま》大王の祭日で閻魔賽日《えんまさいじつ》の日。薮入りとも呼ばれ、地獄の釜の蓋が開いて、鬼たちが休みを取ると言われています。閻魔大王を祀るお寺に参拝したり、日頃の行いを懺悔したり、自分自身を振り返る時間を持つといいでしょう。

江戸時代、眼病を患った老婆が閻魔大王に祈願したところ、目が治ったことから老婆が好物のこんにゃくをお供え続けたという言い伝えもあるため、こんにゃくを食べるのもおすすめです。

17日

土用

※年によって変動あり

冬の土用入りは、立春までの約18日間を指します。ゆっくりと休むことや、クローゼットの整理、捨て活を行いましょう。土を司る土公神《どうこうじん》が支配するため、土地を動かすような引越し・建築など、人生の転機になるような大きな決断、また新しいことを始めたり、土に触れるガーデニングなどは避けたほうがいいとされています。

18日

成長するにつれて名前が変わる出世魚・ぶりを食べてゲンかつぎをしましょう。

19日

空気清浄機の日

小寒

雉始雊

窓を開けて新鮮な空気を部屋に入れると、良い気がめぐり家の運も上がります。

20日

大寒

※年によって変動あり

大寒（だいかん）

款冬華（ふきのはなさく）

大寒卵を食べる。大寒は暦の上で一番寒い時期。大寒を越えると立春となり、春の兆しを少しずつ感じるようになります。鶏も 鶏始乳《にわとりはじめてとやにつく》 と言って、春の訪れを感じて卵を産み始めると言われているように、大寒の時期は卵が生まれにくいため、量自体が減り、珍しいものでした。そこで、栄養価が高く、貴重な大寒の日に生まれた卵を食べると1年間、お金に恵まれると言われています。大寒の日に卵を食べるのではなく、大寒の日に生まれた卵です。

21日

慶応2（1866）年1月21日、坂本龍馬の仲介で薩摩藩と長州藩が薩長同盟を締結したと言われている（諸説あり）ことから、友情を深めるために日頃の感謝を伝えたり、会話を楽しんでみたりするのに適した日です。

22日

雪国では頻繁に雪下ろしを行う時期。道具を見直したり、防寒具のお手入れをしましょう。

23日

123と数字が大きくなる並びをステップナンバーと呼び、物事がトントン拍子に進み拡大・発展する縁起がいい日です。スキルアップの時間を設けたり、小銭を貯金するのもいいですね。逆に一獲千金を狙う宝くじの購入などは控えたほうがいい日です。

24日 金の日

アメリカの製材所で金鉱脈を発見した日で、家計の見直しやお金・経済について学ぶのにいい日です。はやりのスイーツなど流行を取り入れるのもおすすめです。

25日 美容記念日

美容業界に大きな功績を残したメイ牛山氏の誕生日にちなんで制定されました。美容室やエステに行く、コスメなどを購入するなど、美容を意識する日にしてみては?

水沢腹堅（さわみずこおりつめる）

26日

新しい運気が始まる立春が近くなるころ。掃除や整理整頓をして良い運気が入るスペースを作っておくといいでしょう。

27日

自然と触れ合うと良い気が入ってきます。この時期は椿の一種ヤマツバキが見頃。

28日 セレンディピティの日

偶然見つけたあるものに新たな価値を見出す能力が発揮されるので、初めての場所に行ったり、新しいことに挑戦したり、自分の直感に従って行動すると良い方向に向かうきっかけになります。

29日

大寒

水沢腹堅

通貨として使われていたことからお金と同等のエネルギーを持つカカオ豆を原料としたココアを飲むといいでしょう。心と体が温まり、さらに金運アップも狙えます。

30日

味噌の日（毎月）

鶏始乳（にわとりはじめてとやにつく）

三十日と書いて「みそか」と読むことから味噌の日です。「味噌は医者知らず」ということわざもあるほど。体にいい食材で免疫力アップを。

31日

そばの日

江戸時代の商人は月末になると縁起物のそばを食べていました。そば粉は、飛び散った金を集めるため、金職人の掃除に使用されていたので金と同等のエネルギーを持ちます。金色のものを身につけるのもおすすめです。

Part 1

365日の運気が上がるはなし

2月

節分に続き、春の訪れや新しい年のスタートの日となる立春がありま す。また2月も222のゾロ目となる日が。2という数字は2人で協力するとうまくいくといった「協力」「相談」がキーワードになります。周りの人と協力や相談をすることで金運が高まるかもしれません。

2月

如月（きさらぎ）令月、梅見月、雪消月《ゆききえつき》など

2月には、運気の大きな転換点となる立春があります。まだまだ寒い日が続きますが、立春は旧暦の新年にあたり、暦の上ではここから新しい春が始まります。1月のお正月との違いは、この時期は運気が活性化するときだということ。ここから旧正月、春分の日へと繋がる運気の波に乗り、いい運気を積み重ねていけるよう、しっかりと準備をしていきましょう。

1月にやろうと思っていたけれど、スタートできていなかったこと、思うように進んでいないことがあれば、仕切り直すのにいいタイミングです。立春は1年の運気が設定される日。最高の1年になるよう、前もって掃除や不用品の処分をして環境を整えておくといいですね。

2月にゆかりのある神様

宇迦之御魂神（うかのみたまのかみ）：全国の稲荷神社に祀られている穀物、食べ物に宿る神様。五穀豊穣を司り、商売繁盛の神様としても広く崇められている。

2月の年中行事

節分、立春、初午、針供養、建国記念の日、旧正月、春節、バレンタインデー

2月の行事食、旬の食材

豆まき、恵方巻、節分鰯《いわし》、稲荷寿司、チョコレート、鯛、わかさぎ、小松菜、かぶ

1日 重ね正月

大寒

鶏始乳

重ね正月は、厄年の人が自らの厄を避けるため、もう一度新年を迎えて「厄年を終わらせる」という意味を持つ風習です。家族で食事をしたり、飲み会を行ったりするといいでしょう。また、マフラーなどの長いものを身につけるのもラッキーアクションです。

2日

いちごがおいしい季節です。ビタミンCを多く含み、旬の時期は甘みがアップ。開運パワーもギュッと詰まっています。いちご狩りに出かけるのもいいですね。

3日 節分

節分は「季節を分ける」という意味があり、立春や立夏などの前日を指していました。季節の変わり目に多い病気や天災などの厄を鬼に見立て、邪気祓いをするために豆まきをします。戸口に、鬼の嫌いな臭いを放つ鰯の頭を刺した柊を取り付け、鬼が近づかないようにする風習もあります。

4日 立春

立春（りっしゅん）

東風解凍（とうふうこおりをとく）

立春が始まります。「立春大吉」のお札を玄関に貼ると、厄を連れてくる魔を追い返し、開運を招きます。お札は授与している神社でいただくほか、手書きしたものでも大丈夫です。そのほか、福徳をもたらす歳神様がいる方角（その年の恵方）にあるお寺や神社を参拝する恵方参りもおすすめ。恵方巻、立春大吉豆腐などを食べたり、和菓子屋さんで売られることのある立春の朝に作った生菓子や、立春の朝にしぼった日本酒をいただいたりすることもあります。いずれも、口にすることで福を呼び込み、邪気を祓うことができます。立春の日は掃除を控えめにしておくこと。また、この日は新しい仕事を始めるのには向いていません。

立春
東風解凍

5日
エコチュウの日

環境保護やエコ活動に関連する日です。お金に関する意識を見直すとともに、無駄遣いを減らすことを考えると金運の安定に繋がります。物を大切に使う、マイボトルを持ち歩く、エコバッグを使うなど、環境を考えた行動をしてみるのがおすすめ。不用品を必要としている人に譲ったり、フリマアプリに出品したりすれば、物を大事にしながら、不用品を手放すことができます。

6日
初午の日
※年によって変動あり

2月最初の午の日「初午《はつうま》の日」があります。お稲荷さんに参拝に行く、稲荷寿司を食べるのもおすすめです。江戸時代は、初午の日が寺子屋の入門日とされていました。火事になりやすい日と言われているので火の元に注意してください。

7日

日々忙しく過ごしている人は、日本茶を飲んでホッとひと息ついてみましょう。できればじっくりと味わい、自分を見つめるお茶時間を過ごしてくださいね。

8日
針供養

現在、針供養は東日本では2月8日、西日本では12月に行われることが一般的な風習で、折れ針や古い針をやわらかい豆腐やこんにゃくに刺し、神社に納めて供養します。この日は針を休ませる日。新しい針を使い始めることや、古い針をほかの用途に使うことは避けたほうがいいでしょう。

9日 ふくの日

「ふく(福)」にちなんだ日で、幸運や幸福を願う意味があります。「福」を感じることで、金運をはじめ、全般的な運気が上昇することが期待できます。今日は意識して、笑顔で過ごしたいですね。自分自身の幸福を願う、家族や周囲の幸福を願う、寄付をするなどがラッキーアクション。反対に、マウントを取ったり、嫉妬をしたりすると運気を下げてしまうので注意してくださいね。

10日

黄鶯睍睆(こうおうけんかんす)

菜の花がスーパーに出回るころ。春に花を咲かせる菜の花は、エネルギーがたくさん詰まったつぼみをいただきます。おひたしや天ぷらにして食べると、元気をチャージできるでしょう。

11日 建国記念の日

日本の歴史や文化、そして未来について考える時間を持つようにしてみませんか？建国記念の日に関連する式典やイベントに参加するほか、歴史や文化に関する本を読む、日本製のものを身につける、日本産の食べ物を食べることも開運に繋がります。また、この日は創造力が高まる日なので、新しいことを始めるのもおすすめです。

12日

立春

黄鶯見睆

気がつくと猫背になっている……ということはありませんか？　寒い日にはつい背中を丸めてしまいがちですが、猫背でいると、邪気がたまりやすくなってしまいます。姿勢を正して、邪気を祓《はら》い、いい運気を取り入れていきましょう。

13日

NISAの日

NISA（少額投資非課税制度）を支援する投資促進の日です。投資やお金について学ぶほか、資産形成の計画やライフプランを立てるなど、長期の見通しを立てることで、漠然とした不安がクリアになっていきます。

14日

バレンタインデー

魚氷上（うおこおりにのぼる）

昔、お金の代わりに使われていたチョコレートは、お金と同じエネルギーを持ち、お金を集めてくれる力があります。また、チョコレートは金運に悪さをする「金毒《ごんどく》」という邪気を流してくれるため、臨時出費などのお金のトラブルを遠ざけてくれます。チョコレートを誰かにプレゼントすることは、金運のおすそ分けになり、「与えたものが返ってくる」という引き寄せの法則から、あなたのもとにも金運がやってくることになるのです。自分自身にチョコレートをプレゼントして自分を大切にすることも、金運アップに繋がります。

15日

お肌が乾燥していると、運気も少しずつ下がってしまいます。手の先、足の先など、忘れがちな部分にも保湿クリームを塗り開運を引き寄せましょう。

16日

たまには「がんばらない日」を作ることで、明日からのエネルギーをチャージできます。丸一日が難しくても、好きなことをして過ごす時間、何もしない時間を少しでも確保してみてくださいね。

17日

「整理整頓」が開運のカギ。引き出しひとつからでもいいので、不用品を処分し、きれいに整理していきましょう。

18日

温かいジャスミンティーでいつもと違うティータイムはいかがでしょうか。ジャスミンティーは出会い運&金運をアップしてくれます。

19日

雨水(うすい)

土脉潤起(つちのしょううるおいおこる)

ひな人形を飾るのにいい日とされています。この日にひな人形を飾ると、良縁に恵まれると言われています。

20日

「三寒四温」という言葉もあるように、寒い日と暖かい日が入り混じるこの時期。風邪を引きやすいときなので、うがい、手洗い、休息をしっかりと。

21日

トイレや玄関、キッチンに敷いてあるマットはきれいな状態ですか? 布類には邪気がたまりやすいので、こまめに洗濯をしましょう。

22日 猫の日

雨水

土脉潤起

猫は古くから神聖視され、幸運を呼ぶ動物とされてきました。この日は猫を愛し、猫の幸せを祈る日でもあります。猫のようにリラックスすることで、心の余裕が生まれ、金運を引き寄せやすくなります。猫だけでなく、ペットを大切にすることで、人間関係や仕事運も向上することが期待できるでしょう。猫をモチーフにした小物を取り入れたり、猫に関する写真や映像を見たり、猫に触れる時間を増やすことで柔軟で快適な生活を象徴する猫のエネルギーを取り入れることができます。また、猫に関するチャリティー活動に参加するのもおすすめです。

23日 天皇誕生日 富士山の日

皇室のご先祖様は、天照大御神《あまてらすおおみかみ》にあたります。伊勢神宮をはじめ、天照大御神を祀る神社に参拝に行くことで、運気がアップするでしょう。また、天皇誕生日祝賀(一般参賀)に参加したり、映像を見たりするのもおすすめ。天照大御神は太陽の神様なので、朝日を見るのもご加護を授かるアクションです。

24日

郵便物や不要な書類がたまっていませんか？　紙類は邪気がたまりやすいので定期的に整理整頓したいですね。

25日 親に感謝の気持ちを伝える日

家族に感謝の気持ちを伝えることで家庭運がアップします。家族の絆が深まり、それがさまざまなサポートを受けられることにも繋がり、仕事運、金運にもいい影響を与えていくでしょう。この日は家族で食事をする、遠方の家族には電話やメールで連絡をするのもおすすめ。お墓参りをするのも開運のアクションです。

26日

霞始靆（かすみはじめてたなびく）

意外と多いのが、トイレでスマホを触っている人。金運が下がってしまいますので今日からやめましょう。トイレでは長居しないのが運気アップの鉄則です。

27日

気持ちが明るくなるような音楽を聴くと、エネルギーが高まります。

28日

床掃除をすると運気がアップ。フローリングは水拭きしてスッキリが◎。

29日

天体の運行と暦のズレを修正するために設けられた閏日《うるう》。いつもの年より1日多いボーナスデーのような日なので、心や体を調整する日にできるといいですね。マッサージに行くなど、体のメンテナンスをしたり、瞑想で心を整えたりするのもおすすめ。また、特別な日のため、普段とは違うことをしてみると運気にもいい刺激があります。たとえば、いつもと違うファッションをしてみる、行ったことのない場所に行ってみる、食べたことのないものを食べてみるなど。4年に1度しかない特別な日を有効活用してくださいね。

Part 1

365日の運気が上がるはなし

3月

3という数字は風水でもとても良い数字でズバリ金運アップの数字です。また、キリスト教の聖書では三位一体、死から3日後のキリストの復活や、仏教の世界では三宝が信仰の柱であるほか、数秘術で3は知恵や思考を表すように、古来3というのはとても重要な意味を持つ数と言われています。

3月

1月から3月にかけて、新年から旧正月、立春と新しい幕開けの節目となる吉日が集中しています。なかでも3月は爆発的に運気を上げるきっかけになる春分の日があります。そして、3月は微調整ができる月。1月、2月にスタートしたけれど、うまくいかなかったことや、途中で挫折したことも仕切り直しができるタイミングなのです。4月に向けて陽のエネルギーが高まっていく時期なので、波に乗れる最後のチャンスを逃さないようにしましょう。

また、環境の変化で気持ちが不安定になりやすい時期なので心のケアも大切にしましょう。春を代表する桜は精神美・優美を象徴するラッキーモチーフです。

弥生（やよい）
花月、嘉月、花見月など

3月にゆかりのある神様

意富加牟豆美命（おおかむづみのみこと）:「大いなる神の御霊」という意味の桃の神様。ご利益は「厄祓い」。桃は中国でも邪気を祓う力があると考えられている。

3月の年中行事

雛祭り、啓蟄《けいちつ》、ホワイトデー、春のお彼岸、春分の日、社日、イースター、卒業式

3月の行事食、旬の食材

菱餅、雛あられ、白酒、ちらし寿司、蛤《はまぐり》の潮汁、ぼた餅、しらす、キャベツ、菜の花

1日

雨水

草木萌動（そうもくきざしうごく）

この日から7日まで春の火災予防週間です。江戸時代の明暦大火、天和の大火など、湿度が低いことから火災が多い時期とされています。いつも以上に火の取り扱いに注意しましょう。

2日

出会いの日

ミーツ（meets）の語呂合わせで出会いの日。いつどこで誰に会ってもいいように、いつもより身だしなみに気をつけて、おしゃれをして出かけるのもおすすめ。思わぬ出会いがあるかもしれません。

3日

雛祭り（上巳《じょうし》の節句）

古来中国より邪気を祓い、無病息災を願う日として伝わり、平安時代ごろから行事として日本にも取り入れられた雛祭り。正式名称の上巳の節句とは、かつて旧暦3月上旬の巳の日に行っていたことに由来しています。桃の節句とも呼ばれるため、桃にまつわる神様、伊弉諾尊《いざなぎのみこと》が祀られている神社の参拝も◎です。

雛人形とともに飾られる菱餅の菱形は成長や繁栄のシンボルで、緑は大地を表し、芽吹きや健康、白はリセットし清める浄化効果、ピンクは桃の花を表し、魔除けや厄除けの効果があります。桃の木は邪気を祓い長寿をもたらす力もあると言われています。童謡「うれしいひなまつり」にも出てくる白酒は、焼酎に蒸した米と米麹をまぜ熟成させたお酒で、邪気を祓うとされています。雛あられは、菱餅を砕いたものが原型で開運パワーがあります。見た目も華やかなちらし寿司や良縁と夫婦円満の願いが託された蛤のお吸い物も、この日に食べると良い食べ物です。

4日 バウムクーヘンの日

雨水
草木萌動

日本で初めてバウムクーヘンが販売されたことにより制定されました。大木の年輪をイメージさせるバウムクーヘンは長寿や繁栄をイメージさせる縁起物とされています。また金運は丸いものに宿るので、金運アップも期待できます。自分でバウムクーヘンを食べることはもちろん、人に贈るのもいいですね。

5日 インスタントラーメンの日

世界初のインスタントラーメンを作り、NHK連続テレビ小説のモデルにもなった安藤百福《ももふく》氏の誕生日にちなんで制定されました。何気ない思いつきが発明に繋がるかもしれないので、思いついたことをメモにとりましょう。

6日 啓蟄

※年によって変動あり

啓蟄（けいちつ）
蟄虫啓戸（ちっちゅうこをひらく）

啓蟄の啓は「開く」、蟄は「冬籠《ごも》りの虫」を表しており、冬眠から目覚めた虫や動物たちが土の中から出てくるという意味を持っています。散歩に出かけて、春の訪れを感じてみませんか。

7日 家計の見直しの日

家計簿を購入したり家計簿アプリを使って、家計の見直しを行うことで、無駄な支出を減らし、金運を引き寄せることができます。資金管理の見直しは、金運を安定させるための第一歩となります。

8日 サヤエンドウの日

緑が鮮やかなサヤエンドウは今が旬。おいしい時期にぜひ食べたいですね。関東ではキヌサヤとも呼ばれています。

9日 ありがとうを伝える日

身近な人に積極的に「ありがとう」を伝えることで人間関係も良好に。

10日 砂糖の日

料理やお菓子作りに欠かせない砂糖。日本に伝わったのは8世紀と言われており、当時は薬として重宝されました。素材や作り方にこだわった老舗や王室・皇室御用達のものなど、職人が手間暇をかけて作ったお菓子を食べてみては。材料にこだわって作られた食べ物は波動が高く、いい気をもたらしてくれます。

11日

2011年3月11日午後2時46分に発生した東日本大震災。たくさんの命や日常が奪われました。各地で鎮魂と祈りを捧げる催しが開催されますが、それぞれの場所で思いを馳せ、今現在、日常を送れているありがたみや尊さを感じましょう。

桃始笑（ももはじめてわらう）

12日 財布の日

春に購入する財布は「春財布」と呼ばれ、金運が上がると言われています。お財布の購入はもちろん、今持っているお財布のお手入れをしたり、粗塩を紙などに包んでお財布にひと晩入れておくお財布のお清めなどもおすすめです。

13日 新選組の日

幕末の剣豪集団・新選組が発足した日。忠誠心や義理、名誉といった武士道の精神を振り返り、現代に生かしてみませんか。具体的には、これから目指していく夢リストを書いたり、思いやりを持って人と接すると運気アップに繋がります。

啓蟄

桃始笑

14日 ホワイトデー

バレンタインデーに贈り物をもらった人は、お返しを。マシュマロやグミは「嫌い」という意味もあるので、贈る際は気をつけたほうがいいでしょう。

15日 靴の日

1870年、日本初の西洋靴の工場が建設されました。良い運気は足元から入ってきます。新しい靴をおろしたり、いつも履いている靴のお手入れが開運のカギ。

菜虫化蝶（なむしちょうとなる）

16日

七十二候で言うと「菜虫化蝶《なむしちょうとなる》」の日。青虫が羽化し、モンシロチョウになる時期です。モンシロチョウを見つけて、春を感じてみませんか。

17日 彼岸入り

亡き霊を供養する彼岸供養のために寺院での彼岸会《ひがんえ》に出向いたり、お墓参りをしたり、僧侶を招いてお経をあげてもらいましょう。仏壇を掃除して、この時期に咲く牡丹の花に見立てたぼた餅を仏壇にお供えするのもいいですね。

18日

別名「春告魚《はるつげうお》」と呼ばれる鰊《にしん》ですが、この時期に北海道の沿岸に産卵のため集まってきます。産卵を控えた鰊は魚卵や白子を蓄えており、栄養が豊富。旬の鰊から健康運を引き寄せましょう。

19日 社日（春社）

春分に最も近い戊《つちのえ》の日・春の社日は、五穀豊穣を祈願し、お米や野菜、稲穂や種といった農作物をお供えします。神社で供物を供え参拝する家もありますが、自宅の仏壇や神棚へぼた餅や米、お酒などをお供えする家内の行事でも大丈夫です。社日は土地の神様を祀る日であることから、土に触ることは、土地の神様を怒らせてしまうので禁忌とされています。家庭菜園やガーデニングは控えましょう。また、肉や魚をお供えするのも禁忌です。

※年によって変動あり

20日

地域によって異なりますが、早いところでは潮干狩りが解禁される時期。貝はお金と同等のエネルギーを持つため金運アップの効果があります。

21日 春分

※年によって変動あり

春分（しゅんぶん）

雀始巣（すずめはじめてすくう）

春分は、太陽が12星座のスタートである牡羊座に入る時期で、「宇宙元旦」とも呼ばれます。宇宙と地球を繋ぐパワフルなエネルギーを浴びることで、運気がアップしたりチャンスに恵まれたりします。朝日を浴びて深呼吸をしたり、散歩に出かけたりしましょう。いい気で満ちあふれているパワースポットに行くのもいいです。また、春分を境に陽の気が増え夏至にピークを迎えるため、新しいことをスタートさせると成長し発展すると言われています。理想の自分を考えたときに持っているものを想像し、先取りし購入すると、一部分でも現実として体験することができ、理想が現実化していきます。お墓を掃除したり、お墓参りに行くのもいいですね。小豆は厄除けになるので、おはぎやぼた餅、金運アップの開運フードであるお米を積極的に食べることもおすすめです。

22日
世界水の日

春分

省始巣

安全で清潔な水を利用できるようにするため国連で制定されました。当たり前のように水が使えることに感謝し、ムダ使いをしないようにしたいですね。水は体内の邪気を洗い流してくれるので水を飲むのも開運に繋がります。

23日
彼岸明け

春分を挟んで前後3日間を「春彼岸」、その終日を「彼岸明け」と言います。ご先祖様や亡くなった家族、大事な人のことを想いながら過ごすと◎。

24日

全国各地で卒業式が行われる時期です。恩師に感謝を伝えたり、疎遠になっている友達に連絡を取ったりしてみましょう。

25日
電気記念日

1878年、虎ノ門にあった工部大学校（現：東京大学工学部）にて日本で初めて電灯が点灯したことを記念して制定されました。電気の恩恵を再認識し、便利な生活に感謝しましょう。電気をこまめに消すなどエネルギー管理をすることは、節約と金運向上に繋がります。電気を消して、キャンドルにしたり、お香を焚いて、気持ちをリラックスさせるのもいいですね。

26日

旬の野菜・菜の花を使ったおひたしや炒め物を食べパワーチャージを。

27日 さくらの日

桜始開（さくらはじめてひらく）

七十二候の桜《さくら》始《はじめて》開《ひらく》の期間に入ります。『日本書紀』には、この間に花見の宴が初めて開催されたという記述があることから、さくらの日に制定されました。桜の「サ」は「サ神」を表した田んぼの神様のこと。「クラ」は神様が鎮座する台座のことで繁栄や豊かさの象徴です。桜モチーフのものを身につけるのも◎。

28日

桜にちなむ食べ物や飲み物で、春の味を堪能したり、お花見に出かけてみては。

29日

太陽をいっぱい浴びたキウイを食べてビタミンCを摂取しましょう。

30日

雷乃発声（らいすなわちこえをはっす）

年度末で忙しい人も多いでしょう。お気に入りの入浴剤を入れたお風呂にゆっくり浸かると健康運が高まる効果があります。

31日 オーケストラの日

好きなアーティストや好きな音楽にたっぷり浸るといい日。音楽を楽しむことで心がリフレッシュし、ストレスが軽減されます。リラックスした状態は、判断力を向上させ、金運を引き寄せやすくなります。またオーケストラの日にちなんで協調性を意識しましょう。この日に自分勝手な行動をするのはNGです。

Part 1

365日の運気が上がるはなし

4月

4という何だか不吉な数字に感じる方もいらっしゃるかもしれませんがそんなことはありません。4は浪費を控える「堅実さ」や「行動」がキーワードであったり、外国では四葉のクローバーや四天王など、ラッキーな数字・安定的な数として捉えられることが実は多いのです。

4月

就職や転職、異動、引越しなど、環境が大きく変わる人も多い4月。1~3月は事務的な準備をしていたものも、いよいよ実行に移すとき。その変化の波に、うまく乗っていければ、運気がどんどん良くなり、物事が順調に進んでいくでしょう。一方で、ちょっと追いつかないなと感じたときは、早めに休むことも大事です。ゆっくりと自分の心と体を馴染ませていくことで、進むべき方向を間違うことなく、無理なく運気を良くしていくことができます。

暖かな気候で、気持ちもウキウキとしてくるころ。春らしい色の服を着たり、仕事道具を新調したりすると、それがラッキーアイテムになってくれます。

卯月(うづき)
植月、種月、田植苗月《たうえなえづき》など

4月にゆかりのある神様

木花咲耶姫(このはなさくやひめ):桜の語源となったと言われるたいへん美人な神様。ご利益は縁結び。安産・子宝とされる神、また富士山の守り神として信仰されている。

4月の年中行事

エイプリルフール、入学式、お花見、花祭り、十三詣り

4月の行事食、旬の食材

桜餅、甘茶、メバル、サワラ、桜エビ、新玉ねぎ、アスパラガス、いちご、マンゴー

1日 エイプリルフール

春分

雷乃発声（らいすなわちこえをはっす）

エイプリルフールはジョークを言って友人と楽しむ日。必ずしもジョークを言う必要はありませんので、笑顔で過ごす、会話を楽しむなど、コミュニケーションを大切にする日にしましょう。たとえば「結婚しました」「起業して社長になりました」と、将来の夢や願望をエイプリルフールの冗談として周囲に宣言すると、予祝や引き寄せが働き、現実にも起こりやすくなります。一方、誰かを傷つけるようなジョークはNGです。

2日 お花見

※年によって変動あり

気候や地域によっても異なりますが、3月末～4月上旬に桜が咲き始めます。桜には神様が宿っているため浄化作用があり、心にたまったネガティブなエネルギーを浄化する働きがあります。満開の桜は財力や繁栄の象徴でもあります。お花見をしながら願掛けをするといいでしょう。この時期にぜひ食べてほしい開運フードが、桜餅と草餅。桜餅は恋愛運・人間関係運アップ、草餅は厄除けの力が秘められています。桜の木の下で食べれば、さらなる効果が期待できます。

3日 シーサーの日

沖縄のシーサーは、門柱の上や玄関に飾ることで魔物や災いを追い払ってくれる守り神です。風水でも玄関は悪い気を祓い、良い運気を呼び込む重要な場所。この日は自宅の玄関の掃除をして整えるといいでしょう。加えて、盛塩をしている人は新しいものに替える、シーサー以外でも龍などの置物を置く、お花を飾る、お香を焚くなど運気がアップする玄関作りをしてみましょう。

4日

清明(せいめい)

雷乃発声

4のゾロ目の日は天使が見守り、サポートしてくれる日。お金に関してはくじやギャンブルなど臨時収入ではなく、仕事などの定期収入の面で金運が高まります。スキルアップのために時間やお金を使うようにするといいでしょう。天使モチーフや羽モチーフの物を身につけると幸運を呼びます。

5日

このころから二十四節気の清明へと変わります。草木が芽吹き、うららかな春がやってくるころ。散歩をして、春の空気を味わいましょう。お墓参りをするのもラッキーアクションです。

6日

花冠記念日

玄鳥至(げんちょういたる)

花冠《はなかんむり》は、古代から儀式や祝祭で使用され、神聖な力が宿ると信じられてきました。この日は、花冠を頭に載せたり、花に触れたりすることで、自然の力を感じながら願い事をするのに適しています。公園など自然のある場所に出かけるほか、部屋に花や観葉植物を飾るのもいいですね。

7日

新年度が始まり1週間。日々の挨拶を大切にしたい日です。挨拶は仏教の「無財の七施《しちせ》」ではお布施と考えられています。家族や友人、ご近所や職場の人への基本の挨拶をしっかりしていますか?　気持ちのいい挨拶は徳積みになるほか人間関係を良くし、運気の底上げへと繋がります。

8日
花祭り

お釈迦様の誕生日をお祝いする日。お釈迦様が「天上天下唯我独尊」と説いたことから、誰しもが尊いということを思い出す日でもあります。ひとりの時間を取ったり、好きなことをしたりして、自分を大切にしてみましょう。また、お花を飾るのもお釈迦様を祝福するアクションになります。この時期は山の神様を迎えるためにお花を飾っていたことから、豊作や豊穣、金運を呼び込むことができます。神様や仏様はお香が大好きなので、お香を焚くのもおすすめ。シャワーやじょうろで水を撒くと、龍がやってくるとも言われています。厄落としになる草餅を食べる、甘茶を飲むのも開運に繋がるアクションです。

9日
大仏の日

752年4月9日に、奈良・東大寺の大仏が完成し、その際に行われた開眼供養会を記念して制定された日。すべての生き物が心安らかに生きられるように願って建立された大仏様。この日は平和を祈り、近くの大仏様へ参拝してみませんか。

10日

鴻雁北（こうがんきたす）

4月に入り、周りの人間関係に変化があった人もいるでしょう。もっと親しくなるために、ちょっとしたアクションを起こしてみるのがおすすめ。挨拶にひとこと加えて話しかけてみる、ランチに誘ってみるのもいいですね。

11日
ガッツポーズの日

何かあったわけではなくてもガッツポーズなど前向きなポーズをしていると、自然といい気分になり、やる気がみなぎります。いい気分になると波動が高まり、

12日

清明

鴻雁北

いい出来事を引き寄せるようになります。1日の始めや、出かけるときなどに、ガッツポーズをするのもおすすめです。

13日 喫茶店の日

クローゼットの中に、着ない服が入っていると運気は停滞。「今の自分にピンとこない」と思う服は思いきって手放すと新鮮な運気が入る余白が生まれます。

コーヒーは仕事運・貯金運アップ、紅茶は金運アップのパワーを持つ飲み物です。喫茶店に入りひとりでゆっくりと過ごすなど、ちょっとしたご褒美時間を過ごすと自己肯定感のアップやモチベーションアップに繋がります。自分自身を見つめたり、目標設定をしたり、夢リストを書いたりするのにもぴったりの日で願望実現への第一歩になります。喫茶店で友人と楽しい話題でおしゃべりをするのも金運アクションになるでしょう。

14日

この時期が旬の新玉ねぎは、収穫したてで辛味が少なく、みずみずしいのが特徴。大地のパワーがたっぷりの新玉ねぎは、サラダやマリネなど生で食べるのがおすすめです。

15日 東京ディズニーランド開園記念日

エンターテインメントの象徴的な日で、楽しさや喜びをもたらす日です。この日に楽しむことで、リフレッシュし、ポジティブなエネルギーを得ることができます。音楽ライブやテーマパークに出かけるなど、遊びの予定を入れるのにもいい日。また、映画を観るなど、インドアのエンタメを楽しんだり、好きなキャラクターグッズを持ち歩いたりするのもおすすめです。

虹始見（にじはじめてあらわる）

穀雨（こくう）

16日

朝、明るくなるのがグングン早くなってくるころ。少し早起きして朝の散歩をすると、その日の新鮮なエネルギーを体に取り込むことができます。

17日

土用

※年によって変動あり

春の土用は、立夏までの約18日間を指します。この時期はゆっくりと休んだり、不用品を捨ててクローゼットの整理整頓をしたりするのがおすすめ。建築やガーデニングなど土を動かすこと、大きな決断や新しいスタートを切ることは避けましょう。

18日

お香の日

古くから儀式や祈りの際に用いられてきたお香は、空間を清め、心を落ち着かせる効果があります。普段お香を焚く習慣がない人も、この日はお香を焚き、その香りを通して心身の浄化や祈りを捧げる時間を持ってみてはいかがでしょう。

19日

幸運を呼び込むために、整理整頓は欠かせません。お家の収納を見直してみましょう。物がしまいにくい、取り出しにくいところがあれば改善を。

葭始生

20日

豆は「マメに働く」に通じる金運フード。スナップエンドウやキヌサヤ、ソラマメなど、春が旬の豆を食べましょう。冬の間に蓄えられたエネルギーがたっぷりです。

穀雨

葭始生（よしはじめてしょうず）

21日

ふらりと書店へ行ってみると、今の自分に必要なヒントを見つけられそうです。

22日 アースデー

環境保護や地球への感謝を込めた日。この日に環境に配慮した行動を取ることで、自然と調和し、金運にもいい影響があります。リサイクルやフードロスの削減など、エコに繋がるアクションをするほか、地球への感謝タイムを取る、自然のある場所に出かけるのもいいですね。

23日 サンジョルディの日

男性が女性に赤いバラを贈り 女性が男性に本を贈る日。赤いバラは勇気と愛の象徴であり、本は知識と創造の象徴です。この日は、愛する人と愛や知識を分かち合うことで絆を深めます。大切な人へ花や本を贈るほか、自分に贈るのもラッキーアクションです。

24日

シーツや枕カバーなどを洗濯したり、肌触りのいいものに替えるのがおすすめ。

25日

新社会人は初めて給料を支給されるという人も多いでしょうからお金の使い方や

26日

初任給の日（ファーストペイデー）

霜止出苗（しもやんでなえいず）

貯蓄の重要性について考えるのにピッタリの日。家計の見直しをするのにもいいタイミングです。また、お札のお清めや小銭洗いをするのもいいですね。

あなたのセンスや個性を活かすと開運に繋がり、世界が広がります。ＳＮＳで発信するのもおすすめの日です。

27日

新商品や新規オープンの店など、新しいものに触れるといいことがあるかも。

28日

周りの人との信頼関係が大切な日。普段は言えない感謝の気持ちもこの日は口に出すことで全体的な運気が整います。

29日

昭和の日（旧みどりの日）

昭和の時代を顧みて日本の将来を考える日であり、自然の恩恵に感謝する日でもあります。歴史を学ぶことや、歴史的な土地や建物を訪れるのがラッキーアクション。また、アースカラーのものがラッキーアイテムです。これから始まるゴールデンウィークの計画を立てるのにも適しています。

30日

牡丹華（ぼたんはなさく）

人間関係にも変化が生まれる季節。身近な人にサプライズをするのがラッキーアクション。ささやかなものでいいので、何か考えてみましょう。

Part 1

365日の運気が上がるはなし

5月

5という数は、自由と変化を表すとされます。また、5のゾロ目をよく見かけるときはあなたの「可能性」が高まっているメッセージでもあるのです。5という数字に導かれ、思いきってやってみることで吉に出ることや、良い環境に変わるなどチャンスを呼びこめるかもしれません。

5月

風薫る5月は気候的に過ごしやすく爽やかな季節です。ただし、5月病という言葉があるように、4月から新しい環境になったなど、変化が大きければ大きいほど、疲れてしまったり、頭がパンクしてしまったりする人も多いかもしれません。がんばりすぎてしまった方、ちょっと背伸びをして、自分を取りつくろってしまった方は、本来の自分に戻していく期間にしましょう。物事の判断基準が、他人に合わせる他人軸になっていませんか？
自分が本来やりたいことは何か、自分の本当の気持ちは何か、自分の気持ちを見つめ直していきましょう。
また新緑に包まれ、生命力みなぎる月なので、積極的に外へ出て森林浴を楽しみましょう。

皐月（さつき）
早苗月《さなえづき》、午月《ごげつ》、月不見月《つきみずづき》など

5月にゆかりのある神様

鍾馗（しょうき）：奈良時代に中国から伝わった端午の節句の風習とともに、日本へ来たとされる「厄除け」の神様。邪気を祓う守護の象徴として、端午の節句に飾られる。

5月の年中行事

八十八夜、憲法記念日、みどりの日、こどもの日（端午の節句）、立夏、母の日、小満

5月の行事食、旬の食材

新茶（八十八夜）、柏餅、ちまき、鰹《かつお》、鯵《あじ》、レタス、グリーンピース、新じゃが

1日 コインの日

穀雨
牡丹華

お金の象徴であるコインの日は歴史やお金に関する意識を高める機会にして、家計の見直しや今後の資産運用について考えましょう。小銭洗いや小銭磨き、金貨・銀貨の購入、お金の歴史についてくわしく調べるのもいいですね。

2日 八十八夜

※年によって変動あり

立春から数えて88日目の八十八夜。八十八夜に摘んだ新茶は、不老長寿や無病息災の縁起物とされています。新茶を飲んだり、お米を食べたり、お部屋を夏仕様に模様替えするといいでしょう。

3日 憲法記念日

1947年5月3日日本国憲法が施行されました。国の成長を期待するという趣旨がある日のため、自己成長に繋がることをすると良い日です。

4日 みどりの日

自然に親しむとともに、その恩恵に感謝し、豊かな心をはぐくむ日とされています。海や山、公園などに行って、植物や自然と触れ合うとパワーチャージできます。

5日 こどもの日（端午の節句）

立夏（りっか）
蛙始鳴

男の子が健やかに育つことを願う端午の節句ですが、もとは老若男女問わず、災いを除け、長寿を願う日でした。古来中国では5月は物忌みの月とされ、厄祓いの行事が盛んに行われていたのです。端午は中国で生まれた言葉で、月の初めの午《うま》の日を意味し、「午（ご）＝五」が重なる5月5日を指します。五月人形は武家社会の中で武士たちが梅雨入り前に鎧兜《よろいかぶと》を出して手入れをするために飾っていた習慣に由来します。また、鯉のぼりは中国の古事「登竜門」の山奥にある流れの速い滝（竜門）を立派に登りきった鯉が龍になって天に上がるお話に由来し、逆境や苦難を乗り越えて立身出世する縁起物です。新芽が出るまで古い葉が落ちないという特性から子孫繁栄の縁起物である柏餅や、難を避ける厄祓いの力があるちまきを食べたり、魔除けの力があるとされている菖蒲湯に入ったりすることもおすすめです。

立夏

蛙始鳴（かわずはじめてなく）

6日

この日の前後から立夏で、夏が始まります。本格的な夏はまだ先ですが、爽やかな風と過ごしやすい気候を楽しみましょう。

7日

七十二候は蛙《かわず》始《はじめて》鳴《なく》。蛙は生まれてから別の場所に移動しても、必ず生まれた池に戻ってくることから「無事帰る」「お金が返る」ということで、古くから縁起がいいと言われています。蛙モチーフの雑貨もラッキーアイテム。

8日

ゴーヤの日

水の気を持ち、住環境のバランスと平和を促すと言われているゴーヤ。加熱しても壊れにくいビタミンCもたっぷり入っているので栄養も抜群のゴーヤを食べて、心身ともに元気になって健康運アップを。

9日

いつもよりメイクに力を入れてみませんか。ラメは金運アップの効果があり、パールのツヤ感は神様に好かれる効果も。ラッキーカラーを取り入れるのもいいですね。

10日 愛鳥週間

蚯蚓出（きゅういんいずる）

鳥モチーフのハンカチや雑貨がラッキーアイテム。幸せを運ぶ青い鳥や「不苦労」とも書けることから苦労や不運を取り除くふくろう、長寿の象徴である鶴、平和を象徴する鳩、繁栄や瑞兆《ずいちょう》を表す鳳凰《ほうおう》など、鳥はさまざまな運を運んできてくれる縁起がいい動物です。アイテムを身につけることで縁起をかつぐことができます。

11日 母の日

※年によって変動あり

5月の第2日曜日は母の日。日頃の感謝の気持ちを込めてカーネーションを贈る日です。白いカーネーションは「亡き母を偲ぶ」という意味があるので、ご健在の方には避けましょう。最近では品物を贈ることも増えているようですが、縁切りを想起させるハンカチや刃物、「踏みつける」意味を持つ靴や靴下、金額がはっきり明記される現金や商品券は避けたほうがいいとされています。

12日 ナイチンゲールの日

医療活動や看護教育に大きな功績を残したナイチンゲールの誕生日です。自分や周りの人を労《ねぎら》うきっかけにするといいでしょう。

13日 メイストームデー

嵐を指すこの日は、運勢の転機として捉えられ、お金や仕事を見直し、意識することがおすすめです。新しいことにチャレンジしたり、スキルアップの時間を取ったり、お金の学びや資産形成を始めるのにぴったりです。

14日

立夏

蚯蚓出

新ごぼうが旬の時期。土の中で育つごぼうは、大地の力を持っていて、お金を生み出す土の気を含んでいます。香りが良く食物繊維とミネラルが豊富なので、金運だけでなく健康運アップも期待できます。

15日

国際家族デー

家族の大切さを再確認する日です。家族や身近な人との関係を深めることで、ポジティブなエネルギーが広がるでしょう。家族との時間を作ったり、遠方で会えない人は、家族に連絡したり、日頃の感謝を伝えたりしてみてください。

16日

旅の日

竹笋生（ちくかんしょうず）

江戸時代の俳諧師《はいかいし》・松尾芭蕉《まつおばしょう》が紀行文『おくのほそ道』を書くために旅に出かけたことに由来しています。旅に出るのはもちろん、これまで行ったことのない場所に出かけてみたり、普段通ったことのない道を通ったり、カフェなどでテラス席に座ったりすると、何か新しい気づきや発見があるかもしれません。

17日

たけのこの旬もそろそろ終わり。成長が早く、天に向かってまっすぐ伸びる様子から、子どもの成長や出世への願いが込められているたけのこ。たけのこご飯や煮物にしておいしくいただきましょう。

18日

カッコウやホトトギスは、5月中旬ごろからやってくる夏の鳥です。気持ちを穏やかにして、自然界の音に耳をすませてみましょう。鳥の鳴き声には厄を祓い不運を浄化する作用があります。

19日

春から初夏が旬の魚・メバル。別名で春告魚とも書くメバルは、美しい見た目と、春を告げることから縁起がいいとされています。

20日 ワインの日

小満（しょうまん）

ワインを楽しみたい日。豊穣の意味を持つワインは、金運を引き寄せる飲み物です。また金運を下げる気・金毒を流してくれる効果もあります。ワインを飲んだり、ワインを使った料理を食べたりしましょう。ワインが飲めない方はグレープジュースでも大丈夫です。

21日

蚕起食桑（かいこおこってくわをくらう）

夏服への衣替えをしましょう。クローゼットは運を貯める場所であり、財運の神様がいるところでもあります。衣替えによって、要る服と要らない服を見直し、クローゼット内をきれいにすることは新しい気を呼び、財運を一新できるアクションとなります。

過ぎた季節の服を収納し、今の季節に合った服を取り出しやすい場所に移し替えれば、タインミング運を上げてくれます。チャンスをつかみやすくなるので、季節に合わないものを出したままにしないようにしましょう。

22日 小満

小満
蚕起食桑

小満は麦の穂が少しずつ色づき成熟していく様子から「小さく満足すること」に由来しています。小麦を食べるときに収穫の感謝を心の中で伝えると金運に◎。

23日 ラブレターの日

語呂合わせで恋文と読めることからラブレターの日です。心の中の想いを言葉にすることで、ポジティブなエネルギーや愛情が高まります。家族や友達に手紙を書いたり、日記を書いて、自分を褒めたりすることもおすすめです。

24日 伊達巻の日

戦国武将・伊達政宗の命日に制定された日。金運アップの食材・卵とすり身、砂糖、みりんで焼き上げた伊達巻は知性の向上を願う縁起のいい食べ物です。

25日 マンゴーの日

旬の高級フルーツ・マンゴー。仏教では「聖なる樹」と位置付け神聖視されているそうです。また、オレンジ色は結婚運、家庭運、子宝運も期待できる色です。

26日 お風呂の日(毎月)

日本ではお風呂が浄化と癒しの場とされています。お風呂に入ることで、心身が清められ、リラックスして心の平穏を得られます。水が好きな龍神様はバスタイムにやってくるとも言われています。いつもより丁寧にお風呂掃除をして、粗塩や日本酒を入れたお風呂に入り、お風呂の中でおこもり美容を楽しむと、邪気を祓い、浄化されながらお風呂を楽しめて一石二鳥です。

27日 背骨の日

紅花栄(べにばなさかう)

ストレッチやヨガ、ラジオ体操などの運動をして、ピンと伸びたいい姿勢を意識しましょう。いい運気は頭頂部から入り、背骨を通って全身を回ると言われています。つまり、いい運気をたっぷり吸収できるようにするためには、背骨がしっかり伸びていることが大事なのです。「肩が凝ったな」と思ったら、背伸びやストレッチをして常にすっと伸びた姿勢でいることを心がけましょう。

28日

先が見通せるということで縁起のいい食べ物・蕗《ふき》を食べ運気アップを。

29日 幸福の日

これまでがんばってきた自分を褒め称えるご褒美タイムの日を設けませんか。好きなメニュー、お気に入りの食べ物を食べて、幸せな気持ちに浸るのがおすすめ。また自分自身だけでなく、社会全体の幸せについても考え、世界の人々が平穏に暮らせるように祈ることも大事です。

30日

夏から秋にかけて産卵のため内海に近づいてくるイカを食べましょう。イカはお足(お金)が多いのでお金に困らないという縁起のいい食材です。

31日

麦秋生(むぎのとき)

今が見頃のラベンダーを楽しみましょう。ラベンダーには邪気を祓い、浄化や厄除けの効果があるほか、紫色にはエネルギーを高める力があります。

Part 1

365日の運気が上がるはなし

6月

縁起がいいとされる「亀甲紋」は亀の甲羅のような正六角形。中国でも6は縁起のいい数字だと言われています。ゾロ目の6をよく見かけるときはサポート運がアップしています。これは、あなたの周りの人を支えてあげることで大きな運気がやってくるという意味です。

6月

梅雨に入り、雨が多くなる6月。1年のうちで、特に湿度が高くなる月です。湿気は「邪気」でもあり、貧乏神が寄ってくる原因にもなります。家に悪いものが入ってこないよう、まずは玄関を掃除し、スッキリとさせておきましょう。水回りは、貧乏神が好むヌメッとしたカビが生えやすいため、対策をしっかりと。クローゼットやタンスの中にも湿気がたまりやすいため、除湿剤やエアコンなどを活用して。湿気対策が、そのまま運気アップのアクションにもなります。

この時期、体調を崩す人も増えてきます。本格的な夏が始まる前に、睡眠や食事を見直して体調を整えておくことをおすすめします。

水無月（みなづき）
蝉羽月《せみのはづき》、涼暮月《すずくれづき》、夏越月《なごしのつき》など

6月にゆかりのある神様

天照大御神（あまてらすおおみかみ）：太陽神の性格と巫女の性格を併せ持つ存在。光や慈愛、真実などを象徴する最も尊い神様と言われており、皇室の祖先とされている。

6月の年中行事

芒種、入梅と梅雨、父の日、夏至、夏越の祓、衣替え

6月の行事食、旬の食材

タコ、小麦餅（夏至）、水無月、鰯、イサキ、サヤエンドウ、ソラマメ

1日　衣替えの日

小満
麦秋生

衣替えや捨て活にぴったりの日。季節外れの服を出しっぱなしにしていると、邪気がたまる原因になります。クローゼットの整理をするといいでしょう。

2日　ローズの日

バラは神様や天使が好きな花と言われ、高い波動を持つ花です。バラを飾ったり、バラの香りのコスメを使ったり、バラモチーフの物を身につけるといい日です。バラの花を飾るなら、色の持つ力も参考に。赤は活力・成功、黄色は金運、白は仕事運・財運、ピンクは恋愛・結婚・美容運をアップさせてくれます。注意点は、バラのトゲはいい運気を刺して消してしまうと言われていること。運気が入ってくる玄関に飾るのは避けましょうね。

3日　世界自転車デー

国連により制定された自転車の日。環境に優しい移動手段として注目されている自転車で、サイクリングをしてみてはいかがでしょうか。自転車のメンテナンスをする日としても最適。自転車でパワースポットを巡るのも良いアクションです。

4日

最新の技術やサービスを体験するとエネルギーが活性化します。電化製品を新しくするのもおすすめです。

5日

芒種

この前後で、二十四節気の「芒種」に入ります。このころ、全国で田植えが行われ、季節はまもなく梅雨へ。また、場所によっては蛍が見られるようになります。湿気の高くなる時期なので、心身の不調には注意しましょう。利尿作用のあるキュウリやビタミンCが豊富な柑橘類を摂取することで疲労回復と健康維持に繋がります。

芒種（ぼうしゅ）

6日

6が並ぶゾロ目の日。6が並ぶときは、サポート運がアップしています。周りの人を支えることで大きな運気がやってきます。また、6のゾロ目は「お金への執着を手放して」というメッセージでもあります。お金以外のものに目を向け、心穏やかに過ごすことで周りの人にも親切にできるようになります。

蟷螂生（とうろうしょうず）

7日

スーパーに梅の実が並び始めるころ。梅は幸運と長寿のシンボルでもあります。梅の実が出回るのは7月中旬ごろまでの今だけ。梅酒や梅干し、梅ジュースなどを手作りする梅仕事を楽しんでみるのもいいですね。

8日

世界海洋デー

海を守り、海と海洋資源の持続可能な利用を促進するための国際的な日です。海は浄化や癒し、再生の象徴とされ、スピリチュアルなエネルギーを持つ場所と考えられています。この日は、海や水に関連した浄化の儀式を行ったり、瞑想をしたりすると効果的です。水を司る龍神様や弁財天様は海や川が大好きです。水がある場所には龍神様や弁財天様がいらっしゃるので、ご利益を授かれることも。

9日

やりたいことをリストアップするほか、「やりたくないこと」を書き出すことで本来の自分、理想の未来が見えてくるのでおすすめです。

10日 時の記念日

時間の大切さを再確認する日です。日々の時間の使い方を見直してみましょう。この日はスケジュールの管理をし、大切なことに時間を使うよう意識するといいですね。

11日 国立銀行設立の日

腐草為螢（ふそうほたるとなる）

1873年、日本で初めて国立銀行が設立されたことを記念する日。金融システムの基盤が築かれた日でもあります。この日は、財運を呼び込むために、財布の整理や家計の見直しなど、お金の流れを見直すのに最適。新しい財布を使い始めるのも吉とされています。

12日 バザー記念日

1884年のこの日、鹿鳴館で第1回婦人慈善市という日本初のバザーが開催されました。上流階級の女性たちが手工芸品を持ち寄り開いたもので、3日間の入場者は1万2000人にも上ったそうです。この日は不用品を処分したり、フリマアプリなどに出品したりするといいでしょう。

13日 小さな親切運動スタートの日

1963年のこの日、「小さな親切運動」本部が発足しました。この年の東京大学の卒業式の告辞で、総長の茅誠司《かやせいじ》氏が「小さな親切を勇気を持ってやってほしい」

と言ったことがきっかけとなりました。この日はいつもより周囲に親切にできるよう心がけるといいですね。温かい言葉や前向きな言葉を使うようにしたり、笑顔で挨拶をしたりするだけでも優しさは伝わります。

芒種

腐草為螢

14日

あと1週間ほどで、夏至がやってきます。運気の大転換点である夏至の流れに乗るために、準備をしっかりしておきましょう。①捨て活をして、チャンスやいい運気が入ってくるスペースを空けること。②疲れたときは「まいっか」と考えて無理をしないこと。③眠いときはたっぷりと寝ること。④浄化をすること（粗塩を入れたお風呂に入る、お香を焚く、ティンシャや鈴の音を聴く）などがおすすめです。

15日

ポスチュアウォーキングの日

きれいな姿勢は見た目にも好印象です。そして、いい運気は背骨を通って全身を巡るため、姿勢は運気にも影響を与えます。スマホやパソコンの普及で猫背になりがちなので、この日は良い姿勢を意識してウォーキングを楽しむのがおすすめ。

16日

和菓子の日

平安時代にあたる848年、仁明天皇が御神託に基づき、6月16日に菓子や餅を神前に供え、疫病除け、健康招福を祈願したという言い伝えにちなんで制定された日。この日は和菓子を食べて運気アップを狙いましょう。自分で餡《あん》を炊いてみるのもいいですね。

17日

父の日

※年によって変動あり

梅子黄（うめのみきばむ）

6月の第3日曜日は父の日。日頃の感謝の気持ちを込めて、「敬慕」の花言葉を持つヒマワリなど黄色い花を贈ります。また、母の日同様にプレゼントで避けたほうがいいものに「相手を踏みつける」という意味がある履物、靴下などがあります。

18日

おにぎりの日

お米は天孫降臨の際に天照大御神が瓊瓊杵尊《ににぎのみこと》に渡したもの。五穀豊穣を司る神様にお供えされるもののため、神聖で開運に良い食べ物です。同様に神様にお供えされる塩も悪運の浄化や金運を招く食べ物なので、この日は粗塩でおにぎりを握るといい日です。

19日

愛用している物のメンテナンスをしていますか？　物を大事にすることは運気を上げることにも繋がります。

20日

お家の中で埃がたまっているところはないでしょうか。夏至の前に埃を払い、空間を整えておきましょう。

21日

夏至（げし）

乃東枯

6月21日ごろに夏至がやってきます。夏至の太陽には特別な力がありますので、早起きして太陽の光を浴びたり、自然の中で過ごしたりするのがおすすめです。また、ガーデニングを楽しんだり、季節の食材を食べたりと、自然の恵みを体全体で感じましょう。ＮＧアクションとしては、夜更かしをすること、ネガティブな言動や、屋内に閉じこもること。ジャンクフードやこってりとした重い食事はこの日は控えておいたほうがいいでしょう。

22日

夏至

乃東枯（ないとうかるる）

大人数で食事するのもいいですが、たまには親しい友人とじっくり一対一で語らうと絆が深まります。

23日

疲れがたまっているときは、自分へのご褒美としてマッサージに行くのがおすすめ。リフレッシュすることで開運を呼び込むことができます。

24日

家中の鏡をきれいに磨いておきましょう。金運や美容運がアップします。

25日

住宅デー

快適に暮らせる住環境を見直したい日。いつもよりちょっと念入りに掃除をするほか、部屋の模様替えをしたり、インテリアや観葉植物などの購入にも適しています。お家に風水を取り入れる、盛塩を取り替えるなどのアクションも開運に繋がります。

26日

寝る前に、アロマオイルやお香など、好きな香りを楽しむことで、メンタルをリセットし寝ている間に良い運気をチャージできます。

27日 起業を応援する日

自分のキャリアについて考えたい日。将来の目標があれば、改めて整理して書き出してみるといいでしょう。勉強を始める、本を読むなど、スキルアップのためのアクションを起こすのもいいですね。また、起業や副業を始める準備をするのにも適しています。

28日 貿易記念日

1859年のこの日、江戸幕府が横浜・長崎・箱館（函館）を開港し、自由貿易を許可したことにちなんで制定された記念日。仕事運や商売繁盛を願うのに適した日です。ぜひ近所の神社へ参拝しましょう。

菖蒲華（あやめはなさく）

29日

タンスやクローゼットの肥やしになっているものを引っ張り出してみましょう。明日で1年が半分終わります。その前に、使えるもの、不要なものに分けて整理整頓しておいてください。

30日 夏越の祓

1年のちょうど半分が過ぎる日。半年間の穢《けが》れを祓い、残り半年の無病息災を願う夏越の祓が行われる日です。神社へ参拝し、「茅の輪くぐり」をしたり、「人形流し」を行ったりして穢れを祓います。今年後半の幸せを願うとともに、これから本格的に暑くなる夏に備えておくといいでしょう。

Part 1

365日の運気が上がるはなし

7月

7はラッキー7と言われるほど、運気爆上げのサインといえる数字のため、7のゾロ目を見たら、金運だけでなく総合的に運気が上がっていると思いましょう。あなたの欲しいものが手に入る前兆です。好奇心を大切に一歩踏み出してみると近づいたチャンスをしっかりとつかめそうです。

7月

文月（ふみづき）
七夕月《たなばたづき》、愛逢月《めであいづき》など

7月は、あまり大きな決断などをせず、おとなしくしておいたほうがいい土用の日と、宇宙から活発的に新しいエネルギーが送られるライオンズゲートという時期の両方がある「吉凶混合の月」です。変化についていけなかったり、乱れが起こりやすいですが、あらかじめ、そういう時期だと身構えていれば、意外と気持ちが楽になったり、体調に変化があっても対応できます。「吉凶が激しい時期なんだ」ということを覚えておいてください。

ただでさえ、暑さが厳しい夏本番の季節。夏バテをしないよう、栄養のあるものや旬の食材をしっかり食べて、十分な睡眠を取るように体をしっかり休ませることを心がけましょう。

7月にゆかりのある神様

大綿津見神（おおわたつみのかみ）：日本神話に出てくる海の神様。ワタは海、ワタツミとは海の霊を意味し海や海原そのものを指す場合もある。ご利益は航海安全など。

7月の年中行事

海開き・山開き、半夏生《はんげしょう》、小暑、七夕、海の日、土用の丑の日、大暑、夏祭り

7月の行事食、旬の食材

タコや半夏生餅（半夏至餅）、鰻《うなぎ》や梅干し（土用の丑の日）、鮎、トマト、ピーマン

1日

夏至

山開き、海開きの時期です。森林浴や海水浴の予定を立てるのもいいですね。

2日

半夏生

※年によって変動あり

半夏生（はんげしょう）

夏至から数えて11日目を半夏生と呼び、農家では田植えを終わらせる日安とされ、作業をせずに体を休める日とされています。関西地方は稲や畑の作物が「タコの足のようにしっかり根を張って豊作になるように」と願いを込め、タコを食べます。香川県では労を労って、うどんを食べるなど、地域により行事食が違います。

3日

塩と暮らしの日

塩にちなんだ日なので、盛塩を置いたり、盛塩の交換をしたり、粗塩を入れたお風呂に入ったりして、心身を浄化しましょう。粗塩を購入するのもいいですね。

4日

アメリカ独立記念日

アメリカ合衆国の独立を祝う、自由と独立の象徴となる記念日です。自由な発想で目標や夢を見直し、計画を立てることで、ポジティブなエネルギーを引き寄せます。やりたいことや夢が見つからず、何をすればいいかわからないという方は「やりたくないことリスト」を作って、やりたくないことを明確にするのも◎。

5日

穴子の日

長寿や永続を象徴する魚・穴子が旬。ぜひこの時期に食べたいですね。少し先ですが穴子は敬老の日の贈り物にもおすすめの魚です。

6日

朝顔の季節を楽しんでみませんか？　東京では夏の風物詩として名高い「入谷朝顔まつり」が8日まで開催されます。

7日

七夕

小暑（しょうしょ）

温風至（おんぷういたる）

七夕のヒロイン・織姫は機織りの名手で神様の服を織っていたと言われることから、布が豊かさや願いを叶えるラッキーアイテムになります。新しい服を買ったり、新しい服をおろすのにいい日。ハンカチやタオル、寝具、下着などを買い替えるのもいいですね。また、もちろん短冊に願いを書くこともおすすめです。笹は神聖な植物で、神の依《よ》り代《しろ》（神が出現するための媒体となるもの）です。その葉の音で神を呼び寄せ、願いを書くことで神様のお力を借りることができます。笹には、トラブルや不運の元となる邪気を祓ってくれる効果があります。

五色《ごしき》の短冊は、色ごとに期待できる効果が変わります。青・緑＝人間力を高める、スタート運・成長運を上げる。白＝金運を上げる。赤＝才能を発揮させる、能力を開花させる。黄色＝人間関係を良くする。黒＝厄祓い・魔除け効果、仕事のスキルを向上させる。自分の願いに応じて色を選びましょう。また、短冊に書く願い事の内容は、次の3点に注意しましょう。①ネガティブな言葉を書かない。②1枚の短冊に複数の願い事を書かない。③「〜なりたい」「〜なりますように」という書き方ではなく、「〜なりました」「〜なりつつある」など、すでに願い事が叶っているような書き方がベスト。笹がない場合は、手帳などに書くのも◎です。

また、七夕飾りのひとつである巾着は、金運上昇や商売繁盛を願うアイテムなので、巾着を持つと貯蓄運や浪費防止が期待できます。

8日 暑中見舞い

小暑（7月7日ごろ）から立秋の前日（8月7日ごろ）にかけて、お世話になった人や友人の体調を気遣い、日頃のお礼を伝える暑中見舞いを送りましょう。メールやSNSで気軽に連絡できる今こそ、直筆のメッセージをもらうと嬉しいもの。金魚や青海波《せいがいは》といった縁起のいいイラストのハガキで送るのがおすすめです。また、暑中見舞いをもらったお礼状は3日以内に送るのがいいとされています。

9日

宝珠《ほうじゅ》という宝物の形をした果物・杏《あんず》が旬です。生はもちろん、ジャムや果実酒で取り入れるのもおすすめです。

10日 納豆の日

納豆は、仕事運や貯蓄運があり、タンパク質や食物繊維が豊富で体にいい食材なので積極的に食べたいですね。苦手な方は豆腐など大豆を使った食べ物でも◎。

11日 真珠記念日

1893年、三重県に住んでいた夫婦が初めて真珠の養殖に成功したことを記念して制定されました。海から生まれる真珠に込められた意味に「健康・無垢・長寿・富」があります。また、母貝の中で育つことから安産祈願のお守りにされることも。神様はツヤツヤしたものが好きなので、パールを身につけたり、購入したり、ツヤ感のあるメイクをすると神様のご加護を呼ぶでしょう。

12日 人間ドックの日

小暑

蓮始開（はすはじめてひらく）

日本で初めて人間ドックが実施された日。人間ドックや健康診断は後回しにせず、早めに受けて将来の病気を予防しましょう。

13日

七十二候は、蓮始開《はすはじめてひらく》。お釈迦様が座っている花であり、極楽浄土に咲いていると言われている蓮。病気平癒や健康長寿などのご利益があるので、咲いているのを見つけたら写真に撮り待ち受け画面にすると健康運アップに◎です。

14日 ひまわりの日

気象衛星ひまわりが打ち上げられた日。宇宙に思いを馳せ夜空を見上げてみては？

15日 海の日

海の恩恵に感謝する日です。海のエネルギーは、浄化や癒し、再生の力を持つとされています。海へ行く、海の画像や動画を見る、水や粗塩を使った浄化もおすすめ。

16日 虹の日

虹は、願いが叶う前兆や幸運の前兆とされており、龍が近くにいるときのサインとも言われています。虹を見るだけでも運気が上がっているサインですが、虹モチーフの雑貨を身につけたり、カラフルなコーディネイトをしたりするといいでしょう。また、部屋にサンキャッチャーを取り付けたり、自然の中へ出かけるのもいいですね。虹のように人と人を繋いだり、人と自然を結ぶなど、繋がりを意識して過ごすこともおすすめです。

17日 世界絵文字デー

日本で生まれた絵文字は、感情やメッセージを簡潔に伝えるツールとして世界中で使われています。ポジティブなものやユニークな絵文字はコミュニケーションを豊かにします。絵文字の種類や量は、送る相手の好みに合わせるといいでしょう。

18日

疲労回復や夏バテに効果的なスイカ。終わりと始まりの境目がないことから、丸いものは縁起がいいとされるため贈答品としても人気です。

19日

願い事が叶うと言われている巻き貝・サザエは開運フード。この時期のサザエは海藻を食べて身が太り、特においしい季節です。

20日 土用 ※年によって変動あり

年に4回ある土用の中でも、土用の丑の日として知られる夏の土用です。土公神様の障りが出やすいので、大きな決断は控えると良いとされています(詳しくは162ページを参照)。鰻を食べるようになったのは、江戸時代に平賀源内が提案したことがきっかけ。古来より「う」がつく食べ物は縁起がいいとされ、無病息災を願う習わしがありました。実際に鰻は栄養価が高い食べ物で、夏バテ防止の効果もある食材。鰻を食べてエネルギーを蓄えましょう。

21日 自然公園の日

公園や自然のある場所に出かけたり、アウトドアを楽しんだり、観葉植物を購入したり、植物のお世話をするといいでしょう。自然は、波動が高いため邪気が浄

鷹乃学習(たかすなわちがくしゅうす)

化され、波動が上がります。リラックスする日にしてみてはいかがでしょうか。

22日

小暑

鷹乃学習

ライオンズゲートに向けての準備①正しい姿勢を意識する。エネルギーをしっかり浴びるためには、正しい姿勢が大事。猫背にならず背筋を正して過ごしましょう。

23日 ナッツミルクの日

大暑（だいしょ）

桐始結花（きりはじめてはなをむすぶ）

ナッツミルクとは、アーモンドなどのナッツから抽出した植物性ミルクのこと。ナッツは、種が持つ成長の力を取り込むことで運気が向上すると言われているので、ナッツミルクを飲むことはもちろん、繁栄運を持つアーモンドミルク、貯蓄運が上がる豆乳、豊穣の運気を持つオーツミルクもおすすめです。

24日

ライオンズゲートに向けての準備②ストレッチをする。体の中が凝り固まるとエネルギーが滞ってしまいます。凝りをほぐして体をやわらかくしましょう。

25日

ライオンズゲートに向けての準備③瀬織津姫《せおりつひめ》が祀られた神社へ参拝する。瀬織津姫とは、大祓祝詞《おおはらいのりと》に出てくる、祓いや水の神様です。参拝をしておくことでエネルギーをキャッチしやすくなります。

26日 ライオンズゲート

7月26日ごろから8月12日ごろまでライオンズゲートが開きます。ライオンズゲートとは、宇宙と地球を繋ぐ扉のこと。地球、オリオンベルト、シリウスの3つ

※年によって変動あり

の天体が一直線に並んだときに扉が開き、宇宙から、変容・成長・拡大・豊穣などの目醒めを促すエネルギーが流れ込んできます。このエネルギーを浴びると、自分の人生にとって追い風になるような大きな変化が訪れます。貴重な期間なので、やる気に満ちあふれるかもしれませんが無理をしないことも大事です。

27日

水をたくさん飲みましょう。水は体の中の邪気や古いエネルギーを出してくれるので、新しいエネルギーを受け取りやすくなります。

28日

瞑想は運気アップの習慣です。自分と向き合い、リラックスすることで、ひらめきを得られるほか、心も安定してきます。

29日

七福神の日

土潤溽暑（つちうるおいてむしあつし）

七福神巡りや七福神の誰かが祀られている寺社の参拝に適した日。七福神の画像を枕の下に敷いて寝るのもおすすめです。

30日

ファッションの日

ファッションを楽しみ、トレンドカラーや、お気に入りの服を着て出かけ気分を上げましょう。クローゼットの整理をしたり、洋服を購入するのもいいですね。

31日

出世魚は仕事運アップに効果を発揮します。7月は旬のカンパチが◎。

Part
1

365日の運気が上がるはなし

8月

8は末広がりの8と言われるほどいい数字で、この数字のキーワードはずばり「豊かさ」です。お釈迦様が亡くなった後に遺骨を8つに分け、各国の王様に贈ったとされていることから、仏教においても8という数字は重要視されています。

8月

夏休みがあったり、職種によっては繁忙期になったりと、家庭環境がいつもと違ったモードになりやすい8月。生活のペースが乱れ、暑さもあって心にも体にも負担がかかる時期でもあります。レジャーなど、楽しい予定も多くなりますが、詰め込みすぎには注意。8月前半には7月から続くライオンズゲートがかかっており変化がさらに大きくなるため、意識して休むことも大切です。

中旬には、ご先祖様を迎えるお盆があります。私たちが存在しているのは、これまでご先祖様ががんばって生きてきてくれたおかげ。しっかり準備を整えて、ご先祖様をおもてなししましょう。ご先祖様が帰ってきても心配しないよう、家の掃除を丁寧にしておきましょうね。

葉月（はづき）
月見月《つきみづき》、木染月《こぞめづき》、雁来月《かりくづき》
など

8月にゆかりのある神様

高龗神（たかおかみのかみ）：生命の源である水を司る龍神であり、京都の貴船神社の祭神。祈雨や止雨の霊験があらたかで、縁結びの神様としても崇敬されている。

8月の年中行事

八朔、立秋、山の日、お盆、処暑《しょしょ》、ライオンズゲート

8月の行事食、旬の食材

お盆の精進料理、白玉団子、岩牡蠣、スルメイカ、パプリカ、トウモロコシ、スイカ

1日 パインの日

大暑

土潤溽暑

パイナップルが旬を迎える時期に合わせて制定された日。パイナップルは金運の象徴と言われ、金運・商売繁盛運にいい果物です。冠芽《かんが》の部分が鳳凰の尾に似ていることから、神棚に飾られることもあります。この日はぜひパイナップルを食べましょう。また、パイナップルモチーフの物を身につけたり持ち歩いたりするのもおすすめです。

2日 ハーブの日

大雨時行（たいふうときどきふる）

「8と2」の語呂合わせで制定された日。神聖なハーブとされるホーリーバジルや魔除けとして使われるローズマリーを食事に取り入れてみるのもいいでしょう。

3日 はちみつの日

ミツバチは幸運の象徴とされ、はちみつを蓄える習性から金運上昇の象徴とも言われています。縁起のいいはちみつを食べたり、人に贈るのもいいですね。

4日 朝活の日

朝やると運気が上がる行動として、「窓を開けること」があります。せわしない朝ですが、ほんの少しの行動で1日の運気をアップさせることは可能です。

5日 ハンコの日

「ハ（8）ンコ（5）」の語呂合わせから制定された、印章の大切さを考える日。印鑑は自分を証明するものであり、実は運気にも大きな影響を与えるものです。特に枠が欠けてしまったものは運気を下げてしまいますので、新調することをおすすめします。

6日 広島原爆の日

大暑

大雨時行

1945年、広島に原爆が投下された日。戦没者への黙とうを捧げます。この日はご先祖様に感謝するとともに、生きていることに感謝する日にしましょう。ご先祖様が誰かひとり欠けても、自分はこの世に存在していません。生きているということは、それだけで強運で奇跡的なことなのです。そのため、自分自身を愛することや、自分を大切にするにも良い日です。

7日 立秋

※年によって変動あり

この日の前後で季節は大暑から立秋へと移ります。立秋は夏の暑さがピークに達し、秋に向けて季節が移り変わり始める日。そろそろ出まわり始める梨は、金運アップの象徴。季節の果物を食べて夏の後半を乗り切りましょう。

8日 スマイル記念日

立秋(りっしゅう)

涼風至(りょうふういたる)

「世界中が笑顔になれるように」という願いを込めて定められた日。「笑う門には福来る」という言葉があるように、笑顔は幸運を引き寄せます。この日は笑顔を意識して過ごしていきましょう。鏡を見て笑いかける、表情筋エクササイズをする、口角を上げて過ごすこともラッキーアクションです。

8が並ぶゾロ目の日は、「豊かさ」がキーワード。金運もかなり高まっているため、大きな富を得られるとも言われています。自信を持って進むことで新たな道が開けてきます。

9日

1945年、長崎に原爆が投下された日。8月6日と同様に黙とうを捧げ、ご先

長崎原爆の日

10日

祖様に感謝し、生きていることの尊さを感じてください。

最近使って良かったもの、食べておいしかったものがあれば、周りの人とシェアしていきましょう。SNSなどで発信するのも開運に繋がるアクションです。

山の日

11日

自然の恵みを象徴する「山」の日なので、自然に出かけるといい日。自然散策やパワースポット巡りがおすすめです。特に山の神様である大山祇命《おおやまつみのみこと》を祀っている神社に参拝に行くとご利益に与《あずか》ることができます。日本三大金運神社の新屋山神社もそのひとつです。山の神様は豊作をもたらす神様で、現代では金運・商売繁盛運を授けてくれます。

12日

花火大会があれば、ぜひ出かけましょう。花火には厄を祓う力があります。迷惑にならない範囲で庭先や許可されている公園で線香花火をするのもいいですね。

お盆

13日

寒蝉鳴（かんせんなく）

お盆の初日である13日には「迎え火」を焚いてご先祖様を出迎えます。お盆期間中にお墓参りをすることも大事です。遠方で直接行けない場合は、お墓の方向に向かってお参りするのもいいですし、思いを馳せて感謝をするというのもいいでしょう。お盆期間中は陰の気が増えやすい時期なので、陽の気を足すアクションが開運に繋がります。明るい色の服を着る、カーテンを開けて換気をする、部屋のライトを点けて明るくする、キャンドルやお香を焚く、音楽を聴くなどがおすすめです。反対に避けたほうがいいのは、水辺に行くこと、生き物の命を粗末にすること、トゲのある花や赤い花を飾ること、針仕事、引越し、入籍や結婚式、納車・車の登録など。昔は肉や魚を食べることもNGとされていました。

立秋

寒蝉鳴

14日

お盆

14日と15日には、仏壇の前にお供え物で飾った精霊棚を設け、ご先祖様を供養します。

15日

お盆　終戦記念日

平和に感謝し、家族との絆を深める日にしましょう。一緒に食事をしたり、遠方で会えない場合は、電話やメールで日頃の感謝を伝えるのもいいですね。

16日

お盆

お盆期間の最後の日。16日には浄土への道しるべとなる「送り火」を焚いてご先祖様を送り出します。

17日

地域と共に成長の日

地域の繋がりを大切にするといい日。地域活動に参加したり、地産地消に貢献したりするのがラッキーアクション。氏神様に参拝に行くのもおすすめです。

18日

高校野球記念日

日本の高校野球の発展を記念する日。努力や情熱、仲間との絆を象徴する日でもあります。この日は、目標の設定、進捗の確認、今後の予定を立てるのに適しています。また、友人や気の置けない仲間との交流を深めることも運気アップのポイント。カフェでお茶をしたり、食事をしたりするといいでしょう。

19日

人の話をよく聞くことを意識すると人間関係運が良くなり、運気が全体的にアップします。悩み事があれば人に相談することで、解決への道が見えてきます。

20日

ドーナツやベーグルなど、輪っか状の食べ物を食べると金運がアップ。お金が循環し、あなたの元へと戻ってきてくれると言われています。

21日 噴水の日

風水では水は気を集めるとされ、噴水や水槽などの動く水は金運を集めると言われています。噴水がある場所に行くほか、噴水の画像や動画などを見るのもラッキーアクション。この日はいつもより意識して、たっぷりの水を飲むのもおすすめです。

22日

タワーや山など、高い場所に行くのが開運に繋がります。山や高原では深呼吸していい気を吸い込みましょう。リラックスしストレス軽減の効果もあります。

23日

話したことがない人と話してみるのが開運の鍵になるかもしれません。新たな視点や、いい刺激をもらえそうです。

処暑
綿柎開
蒙霧升降(ふかききりまとう)

24日 歯ブラシの日

処暑（しょしょ）

綿柎開（めんぷひらく）

歯は運の通り道。きれいな歯は印象も良くしてくれるので、この日は歯のメンテナンスをするといい日です。症状がなくとも歯医者に行って定期健診をしてもらう、ホワイトニングをする、歯ブラシを交換することで開運に繋がります。

25日

ボードゲームやトランプなどで、家族や友人と遊んでみるといい刺激が。楽しい会話が弾み、いい気が流れ込んできます。

26日

食事や睡眠など、規則正しく、バランス良く取ることを心がけて。自分のペースをつかむことで、運気が好転していきます。

27日 ジェラートの日

おいしいジェラートを食べて涼を取りつつ、開運しましょう。ジェラートには運気アップに繋がる食材が使われています。強化したい運に合わせてフレーバーを選んでみるのもおすすめ。牛乳は蓄財運アップ、チョコレートは金運を下げる金毒を流し金運を引き寄せると言われます。また、柑橘類も金運アップ、ピスタチオはお金を増やす・健康運アップといった力が込められています。

28日

宝石や天然石には大地の力が込められており、触れることで、運気アップに繋がります。お気に入りの天然石アクセサリーを身につけたり、部屋に飾ったりするのがおすすめです。

29日 お金を学ぶ日

天地始粛（てんちはじめてしゅくす）

日本初の流通貨幣として「和同開珎《わどうかいちん》」が発行された出来事にちなみ、お金について学ぶ日が制定されました。この日は家計を見直したり、ライフプランを考えたり、貯蓄や投資を始めたりするのに適しています。夢リストを書いて、自分の未来についてイメージを膨らませてみるのもいいですね。

30日

冷たい飲み物ばかり飲んでいる人は、白湯を飲むのがおすすめ。体が温まり、運気もアップします。この日だけでなく、日常に白湯を取り入れると健康運、全体運が底上げされます。

31日

今月、レジャーなどで出費が嵩《かさ》んでしまったという人は、家計の収支を見直してみましょう。貯金計画を見直して、明日からのお金について考えてみては？　資産運用など、お金の勉強をするのにもぴったりです。

Part 1

365日の運気が上がるはなし

9月

9という数字のキーワードは「変化」です。変化を怖いと感じる方もいらっしゃるかもしれませんが、時には恐れず思いきって進んでみることも大切です。また、中国では、「九」は「永遠」等を連想させる「久」と発音が同じため、縁起のいい数字として好まれています。

9月

9月から3か月連続で十五夜、十三夜、十日夜《とおかんや》とお月見の行事が続きます。月のように丸いものは縁起が良く、黄色は金運のパワーがあることから、月は大きな影響を及ぼします。中旬以降には、陽と陰のエネルギーが全く同じになる秋分の日があり、ひとつの節目となります。冬至に向けて陰のエネルギーが強くなるので、しっかり体を休めながら充電してください。

9月から新学期を迎えたり、会社で異動になる方もいらっしゃるように、環境の変化がある時期です。そういうときは、不要なものを捨てて、周囲や人間関係を見直しましょう。手放すことで空いたスペースには、今の自分に必要なものが入ってきます。

長月（ながつき）
夜長月《よながづき》、稲刈月《いねかりづき》、菊月《きくづき》
など

9月にゆかりのある神様

菊理媛神（くくりひめのかみ）：「クク」の読み方と菊の字を戴く縁結びや、事業の商談成立の神とされる女神様。9月9日の重陽《ちょうよう》の節句は別名菊の節句と呼ばれている。

9月の年中行事

二百十日、二百二十日、白露《はくろ》、重陽の節句、十五夜、秋のお彼岸、秋分・秋分の日

9月の行事食、旬の食材

栗ご飯、菊酒、月見団子、里芋、おはぎ、秋の七草、秋刀魚《さんま》、アサリ、舞茸、巨峰

1日

二百十日
防災の日
※年によって変動あり

処暑
天地始粛

立春から数えて210日目。大風が吹きやすいことから農家の厄日とされていました。台風に気をつけて過ごしましょう。巨大地震など、いざというときのために非常用バッグや備蓄品を見直したり、家族で災害発生時の避難場所や連絡手段について再確認することや、家具の配置を見直すことも大事です。

2日

宝くじの日

禾乃登(こくものすなわちのぼる)

この日は「宝くじの日　お楽しみ抽せん」が行われています。いわゆる宝くじ敗者復活戦。これは過去1年間に抽せんが行われた宝くじのハズレ券を対象に再抽せんされるものです。宝くじがハズレでもこの日まで捨てずに持っておきましょう。

3日

旬のイチジクはひとつの木にたくさんの実をつけることから拡大・成長の象徴です。子孫に恵まれる、などポジティブなエネルギーを引き寄せるとされています。

4日

櫛《くし》の日

櫛を新調したり、ヘアケアに力を入れるのがラッキーアクション。ヘッドスパに行くのもおすすめです。9(苦)と4(死)を連想することから縁起が悪いイメージがありますが、櫛は相手への深い敬意や愛情、絆や繋がりを象徴します。櫛をプレゼントすることは清潔さと整頓を象徴し、相手への尊重の意を示すと同時に、相手の幸せや健康を願うメッセージです。江戸時代には男性からの粋なプロポーズとして櫛を贈っていたこともあったそう。また神様はツヤツヤな髪が好きなので、ツヤ髪を作るために欠かせない櫛は運気アップアイテムのひとつです。

5日 国際チャリティーデー

処暑

禾乃登

平和を祈り寄付や募金をしたり、思いやりを持って過ごすといいでしょう。

6日 勾玉《まがたま》の日

易占《えきせん》にも使われる勾玉は鏡や剣と並ぶ三種の神器のひとつ。古くから神様の助けを得られると信じられていて、災難から身を守る魔除けの御守りとして知られています。勾玉グッズなどを身につけるのも良い日。

7日

朝日に照らされて草木に光が宿り始めます。昼夜の気温差が大きくなる時期なので、体調管理に気をつけましょう。

8日

白露(はくろ)

草露白(そうろしろし)

秋を探しに出かけましょう。春の七草は食べて味わうものですが、秋の七草(はぎ、すすき、くず、なでしこ、おみなえし、ふじばかま、ききょう)は目で見て楽しむもの。奈良時代の歌人・山上憶良《やまのうえのおくら》が『万葉集』の中で詠んだ和歌にちなんでいます。

9日 重陽の節句(菊の節句)

古来から中国では奇数のことを陽数と言って縁起がいい数字とされており、陽数の中でも一番大きな9が2つ重なることから「重陽の節句」と名づけられました。平安時代、貴族たちが宮中で中国からやってきたばかりの珍しい菊を眺めながら宴を開くお花見のような行事で、菊を使って長寿や繁栄の祈願、厄祓いをしていました。丸くて黄色い菊は、縁起が良く、邪気祓いや健康運に加えて金運アップの効果があるとされています。菊の花を飾ったり、菊の花びらを浮かべたお酒・菊酒を楽しんだりして長寿や無病息災を祈願しましょう。

10日

二百二十日 ※年によって変動あり

カラーテレビ放送記念日

立春から数えて220日目。八朔、二百十日と並んで農家の三大厄日とされており、今のように台風の予測ができなかった時代は風を鎮める祭りを行い、無事を祈っていました。また、新しい時代の象徴であったカラーテレビが日本で初めて放送された日でもあります。自分の視野を広げるために新しい知識を吸収することで、新たな機会や金運を引き寄せることができます。

11日

麺の日

麺は長寿や繁栄を象徴する縁起物です。おいしい麺料理を楽しむことで、長寿や繁栄を願い、健康運を高めることができます。

12日

秋の味覚を代表する秋刀魚。日本では、古来から尾頭つきの魚は縁起が良いとされています。脂がのった旬の味を楽しみましょう。

13日

鶺鴒鳴

七十二候は、鶺鴒《せきれい》鳴く。鶺鴒は秋の小鳥を代表する鳥です。『日本書紀』には、伊弉諾命と伊邪那美命《いざなみのみこと》に、国産みの方法を教えた鳥として登場し、夫婦円満の鳥と崇められています。高く鋭い鳴き声なので、聞いたことがある方も多いかもしれません。秋の澄み切った空を見上げて鶺鴒の鳴き声に耳を澄ませてみましょう。

14日 コスモスの日

白露

鶺鴒鳴(せきれいなく)

コスモスの咲く季節。花はエネルギーが高くいい気を持つので、家に飾ると家の運気を高めてくれます。季節の花はトレンド運や変化運を持ち、運気のいい流れを連れてきてくれます。コスモスは正しい道へと導くエネルギーを持つので、将来やキャリアのことなどに悩んでいる人におすすめの花です。

15日 中秋の名月

※年によって変動あり

秋の収穫を喜び、感謝する日で月を見ると良い吉日です。十五夜に月にちなんだ月見団子をピラミッド型に積み上げていくのは、一番上を天に向けることで、月見団子を通して収穫の感謝と豊作の祈願を月まで届かせようという意図から。また月見団子を食べることで月のパワーを分け与えてもらおうとしていました。災いや邪気を祓う効果のある、すすきを供えるのもいいですね。

16日 アサイーの日

ポリフェノールが豊富に含まれており、アンチエイジング効果が期待できるアサイーはスーパーフルーツとして知られています。この日はダイエットやファスティングを始めたり、健康や美容について考えたりすることもおすすめです。

17日 イタリア料理の日

ピザやパスタなど、イタリア料理を楽しんでみては? 家で料理するのも、外食するのもいいですね。デリバリーのピザを買ってパーティーをするのも◎。

18日

秋の味覚の果物を食べましょう。この時期は、さつまいもや栗のお菓子がたくさん発売されています。さつまいもはシンプルに蒸して素材そのものの味を楽しむのもおすすめです。

19日

玄鳥去（げんちょうさる）

秋分の日までにやるといいことに、自然と触れ合うことや、数字を意識して過ごすことがあります。自然は波動が高く、気持ちをリラックスさせてくれます。また偶然時計を見たときの数字や、受付番号など、たまたま出会う数字は宇宙からのメッセージ。数字を意識してインスピレーションを高めましょう。

20日

彼岸入り
※年によって変動あり

秋分の日を挟んだ前後3日間を秋彼岸と言い、その初日を彼岸入りと言います。亡き人の霊を供養する彼岸供養のために寺院での彼岸会に出向いたり、お墓参りをしたり、僧侶を招いてお経をあげてもらったりしましょう。秋のお彼岸にお供えするのは、この時期に咲く萩の花に見立てたおはぎがおすすめです。

21日

旬の鮑《あわび》は長生きで不老長寿の象徴です。御神饌《ごしんせん》として献上される鮑は縁起のいい食材としても知られています。

22日

秋のお彼岸のころに開花することから名前がついた彼岸花。仏教において天界に咲く萬珠沙華《まんじゅしゃげ》とも呼ばれています。

23日 秋分の日

秋分(しゅうぶん)

雷乃収声(らいすなわちこえをおさむ)

陽と陰のエネルギーが全く同じになる秋分の日。これから冬にかけて、陰のエネルギーが強くなる転換の日なので、古くなったエネルギーを手放し、いい運気をインストールすることが大事です。波動の高い気のいい場所は秋分のいい気と引き合うので、朝日を浴びて深呼吸をしたり、パワースポットに出かけたりしましょう。またポジティブな感情がいい気を引き寄せるので、ご先祖様や周りの人に感謝をするといいでしょう。

24日

自分に厳しい人は、できない自分を責めてしまいます。たとえ今うまくいっていなくても大丈夫。自分のことを許せるようになったら、運気が変わってきているサインです。積極的に自分を肯定していきましょう。

25日 主婦休みの日

年に3回、1月、5月、9月に制定された主婦休みの日。自分だけの時間を作り、自分を褒めたり、マッサージに行って体を労ったり。外食に出かけておいしいものを食べましょう。自分にご褒美をあげるアクションなら何でもOKです。

26日 社日(秋社)

※年によって変動あり

秋分に最も近い戊の日・秋の社日は、土地の神様を祀る日であることから、米・野菜・種子などの農作物や、餅やお酒など農作物由来のものをお供えします。また、土の神様を怒らせてしまうので、土を動かす土木工事や建築作業などは控えましょう。

27日 彼岸明け

彼岸までにできなかった仏壇やお墓の掃除を、この日に行ってもいいでしょう。清掃は、ご先祖様への配慮を示す行為であり、家族の安寧を祈る機会になります。

28日 パソコン記念日

お財布、スマホとともにパソコンは金運に関わる重要アイテムです。パソコン自体をきれいにすること、不要なデータを削除することで邪気がなくなり金運アップに繋がります。また空いたスペースに新しい情報が入ってくるので、そこからチャンスに繋がることも期待できます。

蟄虫坏戸（むしかくれてとをふさぐ）

29日

縁起のいい木・金木犀《きんもくせい》が香り始めるころ。金婚式の記念に祝い木として植えたり、プレゼントされる方も多い木です。ヨーロッパでも「祝いの木」と呼ばれています。

30日 クルミの日

クルミは古くから知恵や富の象徴とされています。クルミを食べることで、頭が冴え知恵を活かした決断ができ、金運上昇の効果も期待できます。

Part 1

365日の運気が上がるはなし

10月

多くの宗教では、10は完全性や完璧を表す象徴的な数とされています。たとえば、聖書における「十戒」、日本では、10月を「神無月」と呼び、神々が出雲大社に集まる特別な月としていたり。また、スポーツ競技の10点満点など、10が何かの基準として使われることもよくあります。

10月

3か月連続で見られる美しい月。2番目となる十三夜がやってきます。雲が出ていたり、雨が降っていたりしても大丈夫です。月のエネルギーは充満しているものなので、そのパワーをただ感じてみてください。

10月のイベントといえば、ハロウィン。海外のイベントではありますが、本来は魔除けの役割があり、世界中で行われていた儀式です。仮装には、「変化する」「活性化する」という意味があります。「なりたい自分に仮装する」ことが許されている日でもありますから、ヒーローやお姫様など、自分が憧れる姿をしてみるのもいいですね。思いっきり楽しむことで、自分の枠を超える、常識を打ち破るきっかけが生まれるかもしれません。

神無月(かんなづき)
神嘗月《かんなめづき》、醸成月《かみなしづき》、鎮祭月《ちんさいげつ》など

10月にゆかりのある神様

大国主大神(おおくにぬしのおおかみ):国造りの神様で出雲大社のご祭神。10月は「神無月」と呼ばれるが、出雲では「神在月」と呼ばれ、全国の神様が出雲に集うとされる。

10月の年中行事

神無月と神在月、寒露《かんろ》、十三夜、ハロウィン、霜降、紅葉狩り

10月の行事食、旬の食材

月見団子、栗ご飯(十三夜)、秋鮭、鯖、鰊、かぼちゃ、さつまいも、リンゴ、柿

1日 日本茶の日

秋分
蟄虫坏戸

お茶を淹れる時間は心と体を浄化する時間と言われています。ゆっくりと丁寧にお茶を淹れることで、心を落ち着け内面を見つめることができるでしょう。この日はお茶を飲むこと、家族にお茶を淹れることがラッキーアクション。また、お茶を焚いて香を楽しんだり、お茶を購入したりするのにも適しています。

2日 芋煮会の日

山形県の郷土料理である芋煮を家族や友人と川原などで鍋を囲んで食べる「芋煮会」の発祥の地・山形県東村山郡中山町が制定した日。秋が旬の芋は、風水で金運食材とされています。さつまいもは金運、里芋は子孫繁栄運を高めてくれます。

3日

水始涸（みずはじめてかる）

旬の食材はエネルギーが高いので積極的に食べると運気アップ。秋が旬の栗は金運と勝負運を、銀杏は金運を高めてくれる食材です。

4日 天使の日

天使はスピリチュアルな存在として、人々に幸運や守護をもたらすと信じられており、この日は天使との繋がりを感じる日とされています。天使はさまざまな形でメッセージを送ってくると言われています。目にする数字を意識する、ビブリオマンシー（書物占い）で無意識に開いたページの文章から自分に必要な答えを知るなどの方法があります。また、お花を飾る、自然のある場所に出かける、手帳に願い事を書くなどのアクションも天使が喜び、ご加護を得られるアクションです。

5日

秋分
水始涸

芸術の秋はアートに触れるのがおすすめです。運気にもいい刺激があります。

6日

国際ボランティア貯金の日

援助を求めている人のため、小さなことからできる支援を考えていきたい日。寄付や募金をすることがラッキーアクション。また、善い行いをして「徳積み」をすることは、金運や人間関係運をアップさせるだけでなく、運が良くなる効果抜群のアクションです。「誰も見ていなくてもお天道様は見ている」という言葉があるように、神様はちゃんと見ています。積まれた徳は豊かさとして返ってきますので、世のため人のためになることは積極的にやっていきましょう。

7日

キットカットの日

すべてのオト(10)ナ(7)の前向きな一歩を称える日として、チョコレートの「キットカット」の日が制定されました。キットカットは「きっと勝つ」にも通じることから、必勝祈願のお菓子としても親しまれています。この日、チョコレートを食べることはもちろん、やってみたかったことをスタートさせることも開運アクション。新しいことに挑戦するのもいいですね。

8日

日に日に秋めいてくるころ。入浴の際はしっかり湯船に浸かって体を温めましょう。心身を浄化するため粗塩を入れるのもおすすめです。

9日 道具の日

寒露（かんろ）

鴻雁来（こうがんきたる）

物を大切にすることも金運アップに欠かせない過ごし方です。大切にされていない物からは、悲しみや嫉妬などネガティブな念が発生し、金運が下がってしまいます。

整理整頓をする、バッグの中を整理する、革製品を磨く、食器を磨くなどして身の回りの物に感謝しましょう。

10日 世界メンタルヘルスデー

メンタルヘルスの重要性を認識し、心の健康を守る日です。この日にストレスを軽減するための活動（瞑想する、マッサージに行く、頭に浮かんだことを書き出すジャーナリングをする、気の置けない友達と会うなど）を行うことで、精神的な安定とともに運気が向上します。

11日 ハンドケアの日

運気が体に入ってくる場所はいくつかあり、指先もそのひとつです。手を清潔にすることで、邪気を落とすこともできます。またハンドクリームなどで保湿をすると良い運が入ってきやすくなります。神様はいい香りが大好きです。化学的な香りは苦手ですが、天然精油の香りのハンドクリームはラッキーアイテムです。

12日

スケジュールに少し余白を作ると、チャンスをつかむゆとりが生まれます。

13日 スマイルトレーニングの日

寒露

菊花開（きくはなひらく）

笑顔は人間関係を円滑にするだけでなく、エンドルフィンやセロトニンなどの幸せホルモンの分泌を促し、自分自身にもストレス軽減やリラックス、波動が高まるなどの嬉しい効果があります。また、笑顔は「和顔施《わがんせ》」と言って、功徳を積む善行でもあり、徳が積まれて運が良くなっていきます。この日はいつも以上に笑顔を意識して過ごしてみましょう。顔ヨガなどで表情筋のトレーニングをしたり、歯磨きグッズの購入にも適しています。

14日 塩美容の日

粗塩は運を落とす原因となる邪気を祓うため、神道では古来よりお清めに使われてきました。また、塩は兵士への給料として配られていたこともあり、貴重で高価なものだったことからお金を引き寄せると言われています。今日は粗塩で手を洗ったり、粗塩を入れたお風呂に入ったりして邪気を祓いましょう。塩の入ったアイテムを使っての、お家でのおこもり美容もおすすめです。

15日 十三夜

※年によって変動あり

中秋の名月（十五夜）から約1か月後に巡ってくる十三夜。十五夜に次いで美しい名月だと言われているため、この日のお月見も昔から大切にされてきました。十五夜または十三夜のどちらか一方しか見ないことを「片見月」「片月見」と呼び、縁起が悪いとされています。この日はお月見をするほか、お団子や旬の野菜などをお供えする、身の回りのさまざまなことに感謝をする「感謝タイム」を作るなどがおすすめアクションです。

16日

にんじん、ごぼう、さつまいもといった秋が旬の根菜類を使った野菜スープなどで大地のエネルギーをチャージしましょう。

17日　神嘗祭《かんなめさい》

神嘗祭とは、宮中祭祀のひとつで、五穀豊穣の感謝祭にあたり、天皇がその年の新穂を天照大御神に奉納する儀式が行われます。この日は神社に参拝し、恵みに感謝しながらお米を食べることが開運に繋がります。

18日　土用

※年によって変動あり

蟋蟀在戸(しっそくこにあり)

秋の土用は、立冬の前日までの約18日間を指します。ほかの土用の期間と同様に、この時期はゆっくりと休み、捨て活や整理整頓をしたりするのがおすすめ。建築やガーデニングなど土を動かすこと、大きな決断や新しいスタートを切ることは避けたほうがいいとされています。

19日

公園の散歩がおすすめ。木に触れるとエネルギーをいただけます。

20日　恵比寿講

1年間の感謝を込めて恵比寿様をお祀りし、豊作と大漁、商売繁盛を祈願する日。また神無月はほかの神様は出雲での会議にお集まりになりますが、恵比寿様は留守番をすることから、残って人々を守ってくれる恵比寿様を祀った日になります。恵比寿様を祀る神社へ参拝する、鯛やお頭付きの魚、大根やお餅などをお供えする（地域によりお供え物が異なる場合もあります）ほか、これらの食材を食べるとご利益に与れます。また、この日は恵比寿様のように笑顔で過ごすことを心がけましょう。

寒露

蟋蟀在戸

21日

そろそろ今年のクリスマスコフレが販売される時期。美容は金運アップアクションにも繋がるので、気になるものがあればぜひゲットを。神様はツヤや潤い、いい香りが大好きなので、華やかなコスメが含まれるクリスマスコフレがおすすめです。

22日

俳句や短歌、詩などの文化に触れると心が豊かになり、運気にもいい影響があります。

23日

家族写真の日

霜始降（しもはじめてふる）

「家族写真を撮る」という習慣を作ることを目的に制定された記念日。この日は家族そろって写真を撮るのがラッキーアクション。写真を撮った後に家族で食事に出かければ、さらに開運が期待できます。SNSなどのアイコン写真を撮るのにもぴったりの日。アイコンをこの日撮った写真に変更するのもいいでしょう。

24日

芸術の秋。ボサノバ、ジャズ、ロックなどふだん聴かないジャンルの音楽を聴くと、新しい発想が生まれ、運気の流れを変えるきっかけにもなります。

25日

霜降（そうこう）

おでんがおいしい季節です。定番の具材である卵（167ページ）や大根は金運アップフードとして知られています。

26日 柿の日

柿は日本では喜びが訪れる、お金をかき集めると言われる縁起物。中国でも物事がうまくいくという意味を持っている開運フルーツです。この日は柿を食べて開運パワーにあやかりましょう。

27日 読書週間

この日から2週間、本に親しみ楽しむ期間として制定されました。本は知見を広げてくれ、それがさまざまな形で現実にも影響し、運気をアップさせてくれます。この期間は特に意識して本を読みたいですね。大切な人に本を贈るのも開運に繋がるアクションです。

28日

霎時施（しぐれときどきほどこす）

今までやってみたかったことや新しいことにチャレンジしてみませんか？　チャレンジは成功に繋がる第一歩です。

29日 手袋の日

手袋（Glove）は綴りに「Love」が入っているため、愛情を表します。そろそろ手袋の出番が増えてくる季節。手袋のお手入れや手袋の購入、手袋のプレゼントなどにぴったりの日です。季節のアイテムにはトレンド運やタイミング運があります。季節に合わせたアクションで、いい流れで物事が進むようになります。

30日 マナーの日

霜降

雩時施

良いマナーは幸運を呼び込みます。食事のときのマナーから見直してみるのがおすすめです。

31日 ハロウィン

ハロウィンは、もともと豊穣を祝うお祭りからきているため、金運アップにもいいイベント。仮装を楽しむ、ティアラを着ける、かぼちゃを食べる、キャンドルを焚くなど、イベントを思いっきり楽しむと幸運がやってきます。

Part 1

365日の運気が上がるはなし

11月

1月同様に1のゾロ目がそろう11月。エンジェルナンバー1111をよく見るときは、願いが叶う前兆と言われています。そして、エンジェルナンバーで11は、何か新しいことが始まる前兆や、精神的な成長や洞察力を表す強力な数字とされています。

11月

先月に引き続き、自然の多いところに出かけて、紅葉を見て秋を感じるのがいいですね。黄色は金運アップの色。木々が黄金色や赤色に輝く今だけの季節を味わいましょう。また、3か月続いたお月見行事も11月の十日夜で最後です。

毎日学校や会社に通っていると、同じことの繰り返しのように感じることがあるかもしれません。ときには日常から離れて、自然を感じたり、非日常の世界を楽しむと刺激があり、変化運や仕事運が上がります。

また、来年に向けて下準備を始めましょう。12月は何かと忙しい方も多いでしょうから、早め早めに動き出すことが開運の鍵になります。

霜月（しもつき）
神帰月《かみかえりづき》、神来月《かみきづき》、雪待月《ゆきまちづき》など

11月にゆかりのある神様

月読尊（つくよみのみこと）：月の神であり運を呼び込む神様と考えられている。「月読」は月齢を数える意で、暦に関係する名とする説もある。代表的なご利益は開運。

11月の年中行事

亥《い》の子祝い、文化の日、立冬、七五三、勤労感謝の日、新嘗祭《にいなめさい》、小雪

11月の行事食、旬の食材

亥の子餅、千歳飴、いなだ・はまち、鰻、えのき、エリンギ、かぶ、みかん

1日
紅茶の日

霜降　霎時施

風水で紅茶は金運がアップすると言われている飲み物です。また、紅茶は心身ともに温かいエネルギーをもたらします。リラックスした状態で過ごし、心に余裕を持てると、いいエネルギーを引き寄せることができるでしょう。

2日
ペア活の日
キッチン・バスの日

楓蔦黄（もみじつたきばむ）

大切な人と2人の時間を過ごしたり、キッチンやお風呂、洗面所を掃除しましょう。水回りは、金運と密接に関係しています。年末の大掃除を少し楽にするために、ひとつだけでも早めに取り掛かるのがおすすめです。

3日
文化の日

自由と平和を愛し、文化をすすめる日。平和を祈ることや、読書、音楽鑑賞、芸術鑑賞などを楽しむのがラッキーアクション。11月3日の祝日は、もともと明治天皇の誕生日なので、明治神宮へ参拝するのもいいですね。

4日

11月の季語である小春日和は、春と間違えられやすいですが、晩秋から初冬の時期に穏やかに晴れる日のこと。そんな温かい気持ちで過ごしてみましょう。

5日
十日夜
※年によって変動あり

十日夜は、稲刈りが終わって、田んぼの神様が山へ帰る日。稲の収穫への感謝の気持ちを表すため、お米や季節の野菜などをお供えしていました。私たちも日頃の感謝を伝える時間を作りましょう。9月の十五夜、10月の十三夜、11月の十日夜、すべてのお月見ができると、翌年は金運・幸運に恵まれると言われています。

6日

霜降

楓蔦黄

粘り強く、長寿の祝いにも使われる自然薯《じねんじょ》は、このころ旬を迎えます。年々大きく育つことから「出世イモ」とも呼ばれ、昔から縁起のいい食べ物として、結婚式のお祝い返しなどの贈り物としても重宝されている食材です。

7日

立冬（りっとう）

山茶始開（つばきはじめてひらく）

冬の季節風が吹き始め、日が短くなり、本格的な冬が始まります。衣類や寝具など冬物を用意し、暖房器具も準備しましょう。

8日

火焚祭《ひたきさい》

収穫に感謝し、厄除けを祈るお祭りを火焚祭と言います。火焚祭を開催している神社に行ける方は参拝に行ってみましょう。行けない方は、手帳などに願い事を書いて、キャンドルを焚くのがおすすめです。

9日

換気の日

部屋の換気、網戸の掃除、窓拭き、カーテンの洗濯を意識したい日。換気をすると、家の中の古い気（邪気）が出ていき、新鮮ないい気が取り入れられて、家の運気が上がります。しっかり換気をした部屋で深く深呼吸をしましょう。換気と深呼吸は、この日に限らず、日々の日常で取り入れたい金運上昇のアクションです。

10日

トイレの日
ハンドクリームの日

トイレをきれいにしましょう。トイレは七福神の弁財天様がいる場所。弁財天様は美を司る神様です。トイレは厄を落とす場所でもあるので、常に清潔にしておくと金運がアップします。また、ハンドケアや粗塩手洗いをするのもいいですね。

11日 ジュエリーデー

がんばった自分へのご褒美にジュエリーはいかがでしょう。中国の神話に登場する富貴栄華《ふうきえいが》のシンボル・鳳凰さんは美しいもの、キラキラ光るものが大好きです。

12日 酉の市

※年によって変動あり

酉の市は鷲神社《おおとりじんじゃ》、大鳥神社、酉の寺など、鷲や鳥にゆかりがある寺社で行われている行事です。酉が司る方角・西は金運や財運を高める方位で繁栄や富を象徴しているので、酉の日は金運アップに最適です。酉の市に出かけ、熊手や招き猫などの縁起物を購入し、1年の無事の報告と翌年の福を願いましょう。酉が祀られている神社に参拝するのもいいですね。また、酉の日に新しいものを購入することで、金運を浴びた金運アイテムになります。また金貨に見立てた餅・黄金餅《こがねもち》や、魔除けの効果があり、一度にたくさん実をつけることから子孫繁栄に繋がる縁起物とされている山椒が使われた、切山椒《きりざんしょう》を食べるのもおすすめです。

地始凍（ちはじめてこおる）

13日

11月全体の誕生花はシクラメンで、ギフトにも喜ばれる花です。水の気を持っているシクラメンは、邪気を祓い、苦手な人との縁を遠ざけると言われています。

14日

ダーウィンが、生きた化石と呼んでいたイチョウ。イチョウの木は、昔から植物が育たない過酷な環境の中でも生き延びたことから不老長寿の意味があると言われていました。そんなイチョウの木から落ちて独特な匂いを放つ銀杏《ぎんなん》。ほんのり苦く、ホクホクした旬の味をいただきましょう。

15日

七五三

立冬

地始凍

子どもの成長を祝い、長寿と幸福を祈願する七五三。神社参拝に行ったり、千歳飴を食べたり家族に連絡を取ったり、一緒に食事をするのもいいですね。健康祈願や、日頃の穢れを祓うため、盛塩の交換や、粗塩を入れたお風呂で浄化するのもおすすめです。

16日

源流の日

森や水に感謝し、節電や節水を心がけて地球に優しく過ごしたい日。自然のあるところに出かけるほか、おいしい水を飲むのも◎。

17日

将棋の日

金盞香（きんせんかさく）

江戸時代、将軍の前で将棋をさす御城将棋《おしろしょうぎ》という年中行事が行われていたことから8代将軍・徳川吉宗が定めました。ちなみに、将棋の左馬《ひだりうま》は、福を招く祝福駒として知られています。これは「うま」を逆に読むと「まう（舞う）」を思い起こさせ、昔からおめでたい席では舞が欠かせないものだったことに由来しています。将棋の「歩《ふ》」のように新しいことに一歩踏み出してみるのもいいかもしれません。

18日

七十二候の金盞香の、金盞とは黄金の杯という意味があり、スイセンの花を指します。中国では、水の仙人と呼ばれ、古くから縁起のいい花として、新年のお祝いに使用されています。寒さに強いことから雪中花とも呼ばれています。幸運を呼びこむ玄関にスイセンを飾るのも◎。

19日 いい息の日

デンタルケア用品を購入して、いつもより丁寧に歯を磨きましょう。定期健診として、歯医者に行くのもおすすめです。

20日 毛布の日

毛布を洗ったり、新調したりするのにいい日。睡眠は風水で運を吸収する大事な時間です。環境や寝室の風水が運気を左右するので、寝具は常に清潔に保ち、肌触りや柄など気に入ったものを使いましょう。毛布や寝具などを整えると、いい運気をしっかり吸収できるようになります。

21日 世界ハローデー

1973年、エジプトとイスラエルが紛争の危機を迎えたことをきっかけに制定されました。10人の人に挨拶をすることで世界の指導者たちに「紛争よりも対話を」というメッセージを伝えようという日です。笑顔を心がけて挨拶をしてみませんか？　人の話を否定したり、遮ったり、適当に聞き流したりせず、話をしっかり聞きましょう。もちろんケンカはNGです。

小雪（しょうせつ）

虹蔵不見

22日 いい夫婦の日

家族で食事に行ったり、パートナーに感謝を伝えたり、ささやかなプレゼントを贈り合いましょう。感謝はしっかり口にして伝えることが大事です。また、この日に入籍するカップルも多いですね。

23日

大切な人に心からの「ありがとう」を伝えましょう。自分自身へのご褒美として、

勤労感謝の日
新嘗祭

小雪

虹蔵不見（にじかくれてみえず）

日々の疲れを癒すマッサージやエステに行ったりするのもおすすめです。また、全国各地で、収穫された穀物を神様に奉り、来年の豊穣を願うお祭り・新嘗祭が行われているので神社へ参拝するのもおすすめです。この日は、神様に捧げる前に人が食べるのは恐れ多いということで、新米を食べるのを控えましょう。

24日

酉の市

※年によって変動あり

今月12日ごとに巡ってくる酉の市。最初を一の酉、2回目を二の酉と言います。年によって変わりますが、3回あるときは三の酉と言います。本来、農作業で落ちた収穫物をかき集めるのに使用する熊手ですが、福をかき集めるという意味で、縁起物となりました。最初は小さいサイズから買い始めて、毎年少しずつ大きなものへ買い替えていくのが金運アップや商売繁盛に繋がるとされています。

25日

いい笑顔の日

今日は1日笑顔で過ごしたい日。自分に笑顔を向けるということで鏡に向かって笑いかけるのもいいですね。

26日

そろそろ年末の準備をしたい時期。12月1日から24日のクリスマスイブまでの日数を数えるためのアドベントカレンダーは、何が出てくるのかワクワクしながら開けることが、いい出来事を呼び込みます。コスメやスイーツのメーカーがさまざまな商品を出していますので、チェックしてみてください。

27日 ノーベル賞制定記念日

ダイナマイトによって得た巨万の富を、世界的な功績を残した人に配分するよう示されたのがノーベル賞制定のきっかけです。人に与えることで豊かさの循環は育つもの。自分から与えることを心がける日にしましょう。

28日

今が旬の野菜・春菊。春に花が咲き、葉が菊に似ていることから名付けられました。春を先取りするつもりで、おひたしや、すき焼きに入れてほろ苦い味を楽しんでみては？

29日 いい服の日 いい文具の日

朔風払葉（さくふうはをはらう）

お気に入りの服を着て出かけたり、お気に入りの文具を使いましょう。好きなものを着たり、使ったりすることは、ポジティブな感情になり、気分が上がりますよね。いい気を持っていれば、さまざまないい運も呼び寄せられます。

30日 年金の日

11月（いい）30日（みらい）という語呂合わせで、年金について考える日。これから老後までの計画を見直し、資産管理をすることで、将来に対する不安が軽減され、安心感を得られるでしょう。堅実な計画を立てることで、金運の上昇にも繋がっていきます。

Part 1

365日の運気が上がるはなし

12月

1年は12か月、1日は24時間など12がベースになっているほか、12星座や十二支、新約聖書に登場する12人の使徒……。月が地球を1年間にほぼ12回転することから、古代より人々は12という数字に特別な意識を持っていたのかもしれません。

12月

師走（しわす）
極月《ごくげつ》、窮月《きゅうげつ》、除月《じょげつ》など

何かと忙しく、あっという間に過ぎていく12月。飲み会が増えたり、久しい人に会ったりと、周りの予定に左右されて、大掃除などができなくなってしまうこともあります。大掃除は、お正月にやってくる歳神様を迎えるための大事なイベントです。そうならないよう、予定もしっかり決めて時間を確保しておきましょう。とにかく、12月は慌ただしいので早め早めがおすすめ。13日は「正月事始めの日」とされ、お正月の準備を始める時期。大掃除は12月前半から計画的にやっていきましょう。

ここから、ますます寒さが増していく時期ですので、衣替えをしていなかったという人は、しっかり冬支度を整えて、暖かくして年越しの準備をしましょう。

12月にゆかりのある神様

瀬織津姫（せおりつひめ）：祓を司る大祓詞《おおはらえのことば》の中で、四柱の祓戸の大神として最初に出てくる神様。あらゆる穢れを祓うことができるとされる。ご利益は開運・勝負運など。

12月の年中行事

大雪、事納め、煤払い、松迎え、正月事始め、クリスマス、冬至、大晦日

12月の行事食、旬の食材

冬至の七種、冬至粥、年越しそば、伊勢海老、あんこう、金目鯛、ゆず、くわい

1日 映画の日

小雪

朔風払葉

日本における映画産業発祥を記念する日。この日は家族や友人と映画を楽しむのがおすすめ。映画を観ることで創造性が刺激されるとともに、楽しむことで良いエネルギーが流れます。

2日

1年も残り1か月を切りました。やり残したことはないか、紙に書き出してみましょう。できることからひとつずつクリアしていくことで、良い形でお正月を迎えることができます。

3日 カレンダーの日

橘始黄(たちばなはじめてきなり)

来年のカレンダーを購入するのにぴったりの日。好きなデザインのものを選んでワクワクした気持ちで新年を迎えましょう。ちなみに、カレンダーをトイレに飾るとタイミング運が悪くなり、大事な予定を忘れてしまったり、障りが出ると言われているのでご注意を。この日は予定を整理するのにもいい日です。

4日

忘年会など、飲み会の幹事が決まっていないのであれば、率先して引き受けてみるのもいいでしょう。信頼を得ることができ、人間関係運がアップします。こうしたことが、翌年のさまざまな運気を切り開くきっかけになります。

5日

スマホやパソコンのデータ整理も大掃除の一環。不要なものは削除しましょう。

6日 音の日

小雪
橘始黄

1877年のこの日、トーマス・エジソンが蓄音機「フォノグラフ」を発明し、音を録音・再生することに成功したことにちなんで制定されました。好きな曲を聴くのがラッキーアクションです。ティンシャや神楽鈴などを用い、音で場を浄化するのもおすすめです。

7日 クリスマスツリーの日

大雪（たいせつ）
閉塞成冬（へいそくしてふゆとなる）

クリスマスの準備を整え、家族や友人とともに楽しい時間を過ごすことを祝う日です。この日は家の中にクリスマスツリーを飾ったり、クリスマスの予定を立てたりして、明るい雰囲気を作ることが開運に繋がります。

8日

冷蔵庫や戸棚の整理がおすすめ。賞味期限が切れているものが入ったままお正月を迎えることのないよう、今のうちに処分しましょうね。

9日

慌ただしい12月ですが、少しの時間でもひとり時間を確保することが幸運のカギ。

10日 マネーキャリアの日

そろそろ冬のボーナスが支給されるという人もいるのでは？　何かと出費の増える年末年始を前に、きちんとお金について考えておきましょう。ボーナスの使い道を考えるほか、家計の見直しをする、年末年始のお買い物リストを作ったり、予算を決めたりするのがおすすめです。

11日

百円玉記念日

1957年のこの日、日本で初めて百円硬貨が発行されました。当時のデザインには鳳凰が描かれており60％が銀でできていたことから「百円銀貨」とも呼ばれていました。この日は百円、そのほかの硬貨に感謝をし、小銭洗い（40度くらいのお湯300ccに重曹大さじ1を入れ、小銭をしばらくつける。気になる汚れは歯ブラシでこすったり、重曹につけた後にクエン酸水につけたりするとさらにきれいになる）をすると、金運が劇的にアップします。

12日

貝類やカニ、エビを使った海鮮系の鍋料理を食べると、金運、仕事運にいい影響があります。

13日

正月事始め
煤払い

熊蟄穴（くまあなにちっす）

正月を控え、お家の内外を掃除する煤払い。全国各地の神社でも大掃除が行われ、掃除とともに、正月に歳神様を迎える準備をする大事な行事となっています。この日から少しずつ、お家の大掃除をしていきましょう。年度末で掃除がNGとされているタイミングは、「二重苦」とか「苦立て」という意味を連想させる29日と「一夜かざり」で縁起が悪いと言われている31日です。

また13～20日の期間に実家や日頃お世話になっている方々へ1年間の感謝を込めてお歳暮を贈ります（喪中の方には四十九日が過ぎるまでは控えましょう）。

14日

1702年のこの日、赤穂浪士四十七士が江戸・本所松坂町の吉良邸に討ち入りし、

大雪
熊蟄穴

四十七士討ち入りの日

主君の仇討ちを成し遂げました。兵庫県赤穂市にある赤穂大石神社には大石内蔵助を含む四十七義士が祀られています。境内には主君の無念を晴らすという大願を成就させた四十七義士の石像が並んでおり、大願成就のためのパワースポットとも言われているとか。赤穂大石神社に限らず大願成就を祈願しに神社に出かけてみるのもいいでしょう。

15日

年賀状の受け付け開始

この日から年賀状の受け付けが開始されます。形式的なものになりがちですが、もらった人が心温まるような年賀状を送りたいですね。そのためにも早めの準備が大切です。

また、冬至まで約1週間となりました。冬至の開運の流れに乗るために、準備をしっかりしておきましょう。そのためにも、心と体の浄化をしておくこと（粗塩を入れたお風呂に入る、水をたくさん飲むなど）、しっかり寝ることなどを心がけてください。

16日

紙の記念日

紙製品に興味・関心が集まりやすい日です。紙類は邪気を吸いやすくたまりやすいので、新年を迎える前に整理や処分しておくと◎。

17日

ベランダや庭の掃除は後回しになりがち。運気は外から入ってくるので、ベランダや庭もきれいにしておきましょう。

18日

大地からの気が入ってくる足裏のケアがラッキーアクション。マッサージや保湿で日頃の疲れを癒しましょう。

19日

カーテンやクッションカバーなど、部屋の布類の洗濯がおすすめ。布には邪気がたまりやすいので、今年のうちにきれいにしておきましょう。古くなったものや、気に入っていないものがあれば、新年を迎える前のタイミングで新調するのも開運のアクションになります。

厥魚群（けつぎょむらがる）

20日

果ての二十日

1年の最後の20日は、身を慎み災いを避ける忌み日とされています。この日は外出したり、山へ出かけたりすることを避け、家でのんびりと過ごしたほうが良いと言われています。

21日

寒い時期なので湯船に浸かって温まりましょう。粗塩を入れたお風呂で心身を浄化すれば、いい形で冬至を迎えられます。

22日

冬至

冬至（とうじ）

乃東生

1年の中で夜が一番長い冬至は、陰の気が最大になります。自分の心や神様との繋がりを深めたり、スピリチュアリティーも目覚めやすいとき。この日はゆずを浮かべたお風呂に入る風習があります。丸いものには金運が宿り、柑橘類に金運が集まるため、ゆず湯は金運アップにぴったり。香りでリラックスでき、1年の

23日

冬至

乃東生（ないとうしょうず）

疲れを癒すのに最適です。邪気を祓う力があるとされる小豆を使った小豆粥を食べて無病息災を願う風習もあります（小豆を使った和菓子や赤飯などでもOK）。さらに、れんこん、だいこん、なんきん（かぼちゃ）、うどんなど「ん」がつく食べ物を食べて「運盛り」のゲンかつぎもおすすめです。
やめたいこと、したくないことを紙に書き出し、手放しリストを作るのも運を切り開くアクション。冬至以降は陽の気が少しずつ増え、現実的な行動が増えていく時期に入るので、書き出した紙を破って捨てることで、不要なものが離れていきスムーズに行動できるようになります。

今年、自分ががんばったことを紙に書き出してみましょう。目標を達成できた人も、できなかった人も、自分を褒めてあげましょう。まもなくクリスマスなので、自分にご褒美をあげるのもおすすめです。来年使えるものを購入すると、ワクワクする気持ちが開運のエネルギーになります。

24日 クリスマスイブ

クリスマスイブは「クリスマスの夜」という意味。パーティーをするならこの日が最適です。季節のイベントは変化運やタイミング運が良くなります。クリスマスソングを聴く、チキンを食べる、クリスマスカラーを身につけるなど、思いっきり楽しむのが開運の秘訣です。

25日 クリスマス

家族や恋人など、大切な人に感謝の気持ちを込めて贈り物をし、日頃のお礼を伝えることで、運気が活性化します。また、1年間がんばった自分を労い、自分自身にプレゼントをするのもいいですね。自己肯定感が高まって金運がレベルアップします。

26日

今年読んだ本や観た映画を振り返ってみましょう。マイベストな作品をランキングにしてもいいですね。

27日

麋角解（さわしかのつのおつる）

来年の干支の動物を見ると運気がアップします。写真や動画を見るのもOKです。

28日 御用納め 仕事納め

宮内庁では御用納めの行事として、それぞれの機関の長が1年の労苦を労い翌年への期待を込めた挨拶を行います。この日は、1年がんばった自分や家族、仲間を労い感謝する日にしましょう。

29日 福の日

「ふく(29)」の語呂合わせから制定された日。いよいよ今年も残すところあとわずか。お正月準備の確認をしましょう。ただ、この日の大掃除は控えたほうがいいとされています。

30日

冬至

麋角解

大掃除やお正月の準備で、やり残したことはないでしょうか。明日の大晦日には、NGアクションになることもあるため、チェックしてやり残したことは今日中にやっておくようにしましょう。

31日

大晦日
大祓

神社に1年の感謝を伝え、1年分の厄を祓う大祓に行く習慣があります。そばは金を集めると言われる縁起のいい食べ物。家族みんなで年越しそばを食べ、健やかに新年を迎えるよう願いましょう。この日に長時間火を使用することや餅つきをすること、正月飾りを飾ること、大掃除をすることはNGアクションです。

Part 2

もっと神様と仲良くなって開運するコツ

Part1では365日の開運を招くアクションを紹介してきました。Part2では意識するだけで運気が上昇する「開運の日」のほか、もっと神様と仲良くなるための神社の参拝のしかたや宇宙からのエネルギーを受け取るための方法などを紹介していきます。

意識するだけで劇的に運気がアップする「開運の日」をチェック！

本書では、たくさんの縁起のいい日や運気アップアクションを紹介してきましたが、そのほかにも、定期的に巡ってくる「開運」をもたらす日があります。それぞれの意味を知り、意識して過ごすだけで、神様からの応援が入って運気が良くなっていきます。ここでは代表的なものをご紹介します。

一粒万倍日

「一粒の籾《もみ》が万倍に実るように発展していく」と言われることから、ひとつの小さなアクションが万倍に拡大していく、成長運アップの吉日です。

何事を始めるにも良い日とされ、特にお金に関するアクションを起こすと、金運が万倍に成長すると言われています。

●天赦日

年に数回だけ巡ってくる、暦の上で最強の吉日。天がすべてを許し、障害が取り除かれる日として、新しいことのスタートが応援される日。何か行動を起こすことで、いい結果が訪れます。

●寅の日

お金を使ってもすぐに返ってくると言われる「金運招来日」。金運や勝負運のご利益がある毘沙門天《びしゃもんてん》様と、その眷属《けんぞく》（従者）である寅のご加護を受けやすい日。大きな買い物にも向いています。お金の使い方を見直すにもいい日です。

●辰の日

龍のご加護により金運・上昇運・成功運を授かることができる吉日。この日に何かアクションを起こすと、龍に好かれ、飛ぶ鳥を落とす勢いで成長したり、経済的・社会的な成功を収めたりすることができると言われています。

●巳の日

お金をキープする力、お金を増やす力が授かる「財運」に恵まれる日。本来は使っていたはずのお金を使わなくてすんだり、入ってくるお金が増えたりと、財布が潤いやすくなります。白蛇が弁財天様の眷属であることから、直接お願い事を届けてくれると言われており、弁財天様への参拝がおすすめです。

●午の日

お金や物質など、豊かさを司るお稲荷さんの金運のご利益を授かれる日。お稲荷さんは、元は宇迦之御魂神《うかのみたまのかみ》という神様で、天照大御神《あまてらすおおみかみ》に捧げるお米を作る田んぼにいた稲の神様です。そこから、五穀豊穣《ごこくほうじょう》、金運上昇、商売繁盛、技芸運などさまざまなご利益をもたらしてくれる神様として変化していきました。

2月の「初午《はつうま》の日」に稲荷神社の総本山・伏見稲荷大社に稲荷大神が初めて鎮座したことにちなみ、催事が行われるようになりました。初午の日はお稲荷さんにお参りするのがおすすめです。

●鳳凰日

日本の暦にはない吉日。鳳凰がそれぞれの人が持っている金運の器にお金を集めてきてくれると言われています。鳳凰と繋がると、お金に困ることがなくなり、どんどんお金が循環するようになっていきます。また、平穏や調和、知識、美などのさまざまな幸せをもたらしてくれます。

●麒麟日

日本の暦にはない吉日。人がそれぞれ持っている金運の器を大きなものに作り変えたり、頑丈なものへと修復したりしてくれる日。金運の器を少しずつ大きく広げていくことで、スムーズに収入アップや臨時収入を呼び込んでいけます。

運が二重、三重に高まる幸運日のほか、大凶日と重なって、逆に注意が必要な日もあります。僕の動画では最新の運気が上昇する日の情報と、その過ごし方のポイントを解説していますので、ぜひチェックしてみてください。

その年の運気を左右するお正月の過ごし方

お正月は、歳神様という神様が初日の出とともに福徳を持って、それぞれの家を訪れます。歳神様は、五穀豊穣、長寿、無病息災、家内安全、商売繁盛など、生活にかかわるさまざまな幸せをもたらし、1年を通して家と私たちを守ってくれる神様です。

そんな神様を知らず知らずのうちに追い払って、1年分の福を取り逃がしているとしたら、すごくもったいないですよね。実は、お正月にやってしまうと運気が下がる行動があるため、しっかりチェックしておきましょう。

●NG行動①「掃除」

年末は大掃除をしますが、新年を迎えたら掃除はやらないよう気をつけましょう。掃除をすることによって、幸運をもたらしてくれる歳神様を追い払ってしまうことになるからです。年が明けたら、たとえ少し気になるところがあっても、ひとまず掃除をやめておきましょう。お客様が来ている横で掃除はしないですよね。それと同じで、神様をゆっくりとおもてなししましょう。

●NG行動②「洗濯や洗い物」

お正月に水回りに関することをするのも良くありません。これも掃除と同じで、せっかくやってきた福を洗い流してしまうからです。どうしても洗わないといけない場合は、ゴム手袋をつけ、手を濡らさないようにしましょう。

●NG行動③「火を使うこと」

正月早々に火を使うと、キッチンにいる火の神様が怒ってしまうと言われています。ほかにも、火を使って煮炊きするときに出る灰汁《あく》が「悪を出す」を連想するからだという説もあります。

●NG行動④「刃物を使うこと」

包丁を使って切ることが、「縁を切る」ことを連想させるため、お正月には縁起が悪いとされています。また、刃物はケガをする可能性があるため、1年間、ケガなく健康に過ごせるように使わないでおくといった説もあります。はさみやカッターなどもなるべく使わないようにしましょう。

火も水も刃物もNGですから、お正月はできるだけキッチンに立たなくてもすむようにお節料理や年末にお取り寄せした食事、デリバリーなどを活用し、ゆっくりと過ごしましょう。

ちなみに、お雑煮は歳神様をおもてなしするために備えられたお餅や里芋などをお下がりとして料理したことが由来のため、お雑煮の調理はOKと考えられています。

●NG行動⑤「お金を使うこと」

元日にしたことは、1年間ずっと続くと言われています。年の初めにお金を使いすぎると、その年は浪費の年になってしまい、お金が貯まらないと考えられています。ただし、初詣のお賽銭は大丈夫です。

この時期、初売りや福袋などがありますが、お財布のひもをゆるめてしまうのは要注意です。すべてを我慢するのが辛い場合は、無駄遣いに気をつけて、できるだけ必要なものだけ買うようにするといいでしょう。

●NG行動⑥「ケンカをすること」

NG行動⑤同様に年初めの行動が1年間続くと言われていることから、ケンカをするのはNGとされています。せっかくの1年が争いの多い年になってしまいますので、何か腹が立つことがあっても、いったん冷静になり、ケンカをしないようにしましょう。

また、縁起の悪い言葉やネガティブな言葉も、同様の理由から避けたほうがいいでしょう。

本当に開運できる正しい神社参拝法とリモート参拝のポイント

神社へ参拝するときの正しいお作法を知っていますか？

なんとなく参拝していると、知らず知らずのうちに神様に失礼なことをしてしまっている可能性もあります。

改めて、正しい参拝法を確認して、神様のご利益に与《あずか》りましょう。

次のような流れで参拝していきますので、頭の中でイメージしてみてくださいね。

①鳥居…鳥居をくぐる前に神様に一礼します。

参道の中央を避けて境内へと進みましょう。

②手水舎《ちょうずや》…手水舎の前で一礼します。

まずは右手で柄杓《ひしゃく》を持って左手を清めます。次に、左手で柄杓を持って右手を清めます（神様は左上位なので、左手から清めると言われています）。

柄杓を右手に持ち替え、左手に水を汲み、口をすすぎます。口に含んだ水を捨てるときは、しゃがみ、手で口元を隠して捨てると丁寧です。

柄杓を水で流して戻し、最後にまた一礼します。

③本殿へ進む…手水舎が本殿に向かって左手にある場合は、参道の左側を通って進みます。手水舎が右手にある場合は、参道の右手を通って進みます。

参道の真ん中は「正中《せいちゅう》」と呼び、神様の進む道になります。正中を横切らないように参道を通行しましょう。

④本殿…本殿に入る前に一礼します。

本殿へと進み、お賽銭をそっと入れます。

鈴を振り、二拝、柏手を二度打ちます（左手を少し上にして手を合わせる）。ご挨拶をし、住所と名前を名乗り、感謝を伝えた後、お祈りやお願い事を伝えます（決意表明のような形で宣言する）。

一礼し、そのままお尻を向けずに一歩下がってさらに一礼。向きを変えます。

神社によっては拝礼の作法が違うこともあります。その場合はその神社の作法に従ってお参りしましょう。

●「リモート参拝」の正しいやり方は？

さまざまな事情でリアルに参拝することが難しい場合は、「リモート参拝」という方法があります。各神社の公式サイトなどで動画や画像を見ながら、遠隔で参拝する方法でコロナ禍に広まった印象がありますが、遠く離れた場所に祀られている神様に拝礼する「遥拝《ようはい》」という概念は実は昔からあるものなのです。

宮中祭祀《さいし》では、初日の出にはまだ早い早朝5時半、天皇陛下が伊勢神宮、山陵および四方の神々を遥拝する「四方拝《しほうはい》」というものがあり、遥拝は宮中でも重要な拝礼とされています。

同様に自宅の神棚に天照大御神のお札を祀り、伊勢神宮をリモートで参拝することも可能です。ケガをしていたり、入院していたり、海外に住んでいたりなど、神社に行きたくても行けないときに参拝できるので便利ですよね。

不思議なもので、リモート参拝でも邪気が祓われて清々しい気持ちになったり、気持ちが温かく穏やかになることがあったりしますので、効果はしっかりあると感じています。「これが正しい」という決まったものはありませんが、神様に失礼なく、安心して参拝できる方法として、次のやり方を参考にしてみてください。

・服装…リアルに神社を参拝するときにはラフすぎる服や露出の多い服は控えたほうがいいと言われています。できれば同じように考えるといいでしょう。入院中などで、服装が思うようにならない場合は、参拝のときにひとこと神様にお伝えしておくといいですね。大切なのは、「今はリアルで参拝には行けないけれど、参拝したい」という気持ちです。

・環境…参拝に集中できるよう、静かな環境を作りましょう。テレビやゲーム、動画の音が鳴るような環境では集中できません。できるだけ静かな空間で参拝するのがおすすめです。

・事前準備…参拝する神社の神様の名前を調べておきましょう。神様の名前や、その神社の歴史などを知ったうえでご挨拶するほうが、より感謝の気持ちが大きくなり、神様と繋がりやすくなります。

・参拝…深呼吸して心を整えたら、参拝する神社の動画や画像を見て、二礼二拍手をします（神社によって違うこともあります）。動画や画像を見て、神社を思い浮かべながら神様の名前を呼び、挨拶をしましょう。目を閉じたほうが集中できる場合は、閉じてもＯＫです。

初めての神社の場合は出会えた感謝を、行ったことがある神社の場合は再び参拝できた感謝を伝えましょう。お願い事と、それを叶えるためにこんなことをしていきますという決意表明をします。

最後に一礼をして締めくくりましょう。

宇宙から強いエネルギーが流れ込む春分の日・秋分の日の迎え方

昼と夜の長さが同じになる春分の日と秋分の日は、夏至《げし》・冬至《とうじ》と並び、運気の4大転換点と言われています。1年の流れの中で特別な意味を持ち、その迎え方・過ごし方で、その後の運気が大きく変わってきます。それぞれ、どんなアクションをすればいいのかをチェックしていきましょう。

●現実世界の変化が加速していく「春分の日」

冬至から少しずつ昼が長くなり、昼と夜がちょうど同じになる春分の日。これから夏至に向けて、さらに陽の気が強くなっていきます。

植物や動物もこの時期から目覚め、活動的になっていきます。人間も何か新しいことをやりたくなったり、外に出たくなったりと、エネルギーが高まってきますよね。それは自然と気の流れを感じ取っていて、いい運気を取り込もうとしているからとも言えます。成長運や発展運が高まりやすいときなので、新しいことを始めるのにぴったりの時期です。

また、春分の日は「宇宙元旦」とも呼ばれ、スターゲートの扉が開く節目のとき。宇宙の愛や情熱、希望などの高い波動が流れ込んできます。このエネルギーと波長が合うと、自分自身の波動も引き上げられ、人生がよりいいほうへと大きく変わっていきます。

春分の日の流れに乗るためには、宇宙のエネルギーと波長が合うように、邪気を落とし、自分の波動を高めておくことが大切です。そのために、春分の日の前にやっておきたいことには、次のようなものがあります。

・冬物の整理と処分
冬用の衣類や靴などの整理をしましょう。古くなったものや要らないものは、だんだんと邪気を帯び、波動が低くなっていきます。強いエネルギーが注がれるときには、それを受け取るスペースが必要ですので、この機会に処分しておくことをおすすめします。

・ダンボールを捨てる

布類と同様、紙類も邪気を吸いやすいため、定期的な整理が必要です。古い紙がたまってくると、邪気をたっぷりと吸って、あるだけでだんだんと運を下げていきます。たとえば、仕事の進展が遅くなる、タイミングが合わなくなってなんだかうまくいかない状態になる、臨時出費が発生する、ケガをする、物が壊れるなど……トラブルが発生するようになりますので注意しましょう。

・パワースポットや神社に行く

春分の日の当日にパワースポットや神社など波動の高い場所に行くのもいいですが、春分の日になる前から波動の高いところで過ごし、自分自身の心や体の邪気を落とし、事前に清めておくこともおすすめです。そうすることで、当日スムーズにいい気をキャッチすることができます。

パワースポットや神社に足を運ぶのが難しい場合は、お風呂に粗塩を入れて体を清めておくのもいいですね。

このように、不用品を処分し、自分自身の波動を高めておくことで、春分のいい運気をつかんでいくことができます。

●体内のエネルギーが入れ替わる「秋分の日」

秋から来年の春にかけていい状態で過ごせるようにと応援のエネルギーが注がれる秋分の日。体内のエネルギーが入れ替わり、秋からの運気に合わせたエネルギーへと整えてくれる「運気の衣替え」のような日でもあります。

ここでも、春分の日と同様にスターゲートという天界の扉が開きます。秋分の日のスターゲートでは、半年の間に受け取り過ぎている余分なエネルギーを吸収し、調整してくれます。

エネルギーはたくさんあったほうがいいんじゃないの？　と思う方もいるかもしれませんが、使っていないものが古くなって邪気を帯びるように、使っていないエネルギーも澱んだ水のように古くなっていきます。過剰になると、フラストレーションがたまり、勢い任せになって判断ミスをしてしまったり、ブレーキを踏むところでアクセルを踏んでしまって大きな失敗をしてしまったりといったことにも繋がってしまいます。何事も適度なバランスが大切なのですね。

ですので、古いエネルギーは宇宙に回収してもらい、新鮮なエネルギーを受け取ることで、必要な分だけエネルギーを巡らせていきましょう。

秋分の日は、願いを叶える体質を作るうえでもとても大切な日です。天界と繋がりやすくなり、願いが叶うスピードを倍増させるアクションをご紹介します。

・自然があるところに足を運ぶ

自然あふれる場所は流れている気も波動が高く、自分の邪気を祓い、身を清めて心も研ぎ澄ませてくれます。すると、宇宙や天使からメッセージを受け取りやすくなるのです。この時期、直感が降りてきたら、宇宙や天使からのメッセージの可能性が高いでしょう。また、ふだんより多くのインスピレーションが降りてきやすいときですので、そのメッセージが願いを叶える可能性が高いのです。ぜひ直感に従って行動に移してみてください。

・数字を意識する

宇宙や天使は数字を使って私たちにメッセージを送ってくれています。どんなことを伝えているのか、この時期はよく見る数字には意識を向けておくといいでしょう。

特に4や4のゾロ目を見た場合、天使からの「ここにいるよ」のサインなので、お願い事をしてみたり、悩みを相談してみたり、今抱えている本音をうちあけてみるといいですね。天使があなたからのオーダーを叶えるために動いてくれます。

・貝を食べる

金運を高めるアクションになります。かつて、お金の代わりに使われていた貝は、食べた分だけお金を引き寄せると言われているパワーフード。貝が苦手な場合は金運フードのチョコレートもおすすめです。

・浄化

宇宙からの高いエネルギーやいい運気を受け取るために、体を浄化して受け取りやすい状態にしておくことも大事です。

粗塩を入れたお風呂に入る、アロマやお香などで部屋を浄化しておく、ティンシャ（チベット仏教の高僧や尼僧が儀式や浄化、魔除けとして使う法具）などの音で邪気を浄化しておくことがおすすめです。

・お花を飾る

運気を上げるアクションができないときでも、お花を飾っておくだけでいいエネルギーや運気を受け取りやすくなります。花はエネルギーが高く、天使も花が大好きです。インテリアに花を取り入れることで天使とシンクロし、ご加護も授かりやすくなりますよ。

夏至と冬至を味方にして人生を大きく変える方法

1年のうちで最も日が長い夏至と、最も日が短い冬至は、運気の大きな変わり目になります。自分が本当に望む方向へ進み、輝いていけるように、夏至と冬至を上手に活用していきましょう。

このセクションでは、そのための方法をご紹介していきます。

●太陽の力が最も強い「夏至」

「太陽の元旦」とも呼ばれ、陽のエネルギーが最も高まる夏至は、世界各地で吉日とされています。このエネルギーに触れた後の1週間くらいは、高次元からのインスピレーションや導きにあふれ、人生が次のステージへ進むチャンスが訪れます。夏至のエネルギーをたっぷりと受け取るための、当日の過ごし方です。

・朝日を見る

エネルギーの高い朝日、できれば日の出を見るといいと言われています。生まれたての朝日を見ることで、新鮮なエネルギーがあなたに注がれていきます。

その年によっては、当日の日の出の時間はまだ夏至入りしていないこともあります。その場合、当日と翌日の朝日を見るのがおすすめですが、僕の動画でもその都度解説していく予定ですので参考にしてください。

・天照大御神へ参拝する

太陽の祝日でもある夏至は、太陽の神様・天照大御神の祀られている神社へ参拝に行くのにいい日です。神社に行くと、その神聖な空気で心も整いますし、神社は気がとても良いので、夏至の強いエネルギーが受け取りやすくなります。

近くに天照大御神を祀っている神社がない場合は、ほかの神様を祀っている神社やパワースポット、自然の多い場所へ足を運んでもＯＫです。

・瞑想をする

瞑想は、心や頭にたまっているストレスや邪念、ネガティブな気持ちを空っぽにし、洗い流してくれるのでおすすめのアクションです。

・五感を喜ばせる

好きな音楽、いい景色、いい香り、手触りのいい洋服や寝具、おいしいものなど、五感が喜ぶことをすると、あなた自身の波動が高まります。すると、夏至のエネルギーに伴って、高次元の存在からの導きも得やすくなるのです。

●本当の望みを再確認できる「冬至」

この日を境に、だんだんと日が長くなり、陽の気が強くなっていきますが、当日は1年で一番日が短く、陰の気が強い日です。寒さも厳しくなってくる時期なので、病気にならないようにかぼちゃを食べ、ゆず湯に入る習慣があります。

冬至は、自分の内側に目を向けるための大事な日。1年の総括をするのにベストのタイミングとなります。冬至目前～当日の過ごし方について解説します。

・手放しリストを作る

要らないものを書き出してリスト化してみましょう。書くと意識するようになり、手放しやすくなります。書いた後、ビリビリに破って捨てるのがおすすめ。自分の中や身の回りに「いいもの」「大切なもの」だけを残していきましょう。

・浄化をする

心にモヤモヤがたまりやすい時期なので、それを出すためにも浄化アクションをしましょう。ゆずを入れたお風呂もいいですし、粗塩を入れた白湯を飲むのもおすすめです。

冬至は自分の内に意識が向くことで、本当に大切なことに気づける日。自分の好きなことややりたいことがわからない場合は、反対に苦手なことややりたくないことを考えてみることで、気づけることがあるでしょう。

ジメジメした梅雨の季節は要注意！運の出入口・玄関整え術

梅雨は1年の中でもお家の状態がゆらぎやすい時期。なぜなら、金運を下げてしまう貧乏神は、ジメジメ、ヌメヌメとした湿気やカビが大好きだからです。

この時期、ちょっと体が重くなったり頭痛を感じたりと、不調を抱える人が増えますが、それに反して貧乏神は元気いっぱいに活動できます。しっかり貧乏神対策をして、運気を下げない工夫をしていきましょう。

特に必要なのが、玄関を整えること。運気の出入口である玄関を整えて貧乏神を追い出し、ご利益をもたらす神様をお迎えする方法をご紹介します。

●その1　こまめに掃除をして清潔に保つ

基本的なことですが、汚れている場所にいい運気はやってきません。悪い気は床を這うように入ってきます。たたきはゴミやホコリを取り除いた後、粗塩をひとつまみ入れた水を絞った雑巾で拭きましょう。たたきだけでなく、靴箱の中や棚、ドアノブなどもお忘れなく。

●その2　玄関のたたきには何も置かない

玄関がごちゃごちゃしていると人間も出入りしにくいですし、いい運気も入りにくくなってしまいます。たたきには何も置かないようにしましょう。また、脱ぎっぱなしにしがちな靴が散乱していると運気は下がります。靴はしっかりと汚れを落としてから靴箱にしまいましょう。

●その3　履いていない靴、壊れている靴を捨てる

ずっと履いていない靴や壊れている靴を取っておくと、運気は下がります。古い靴は悪い気をため込んでしまうので、悪運や災難を運んでくるとも言われています。汚れは早めに洗い、どうしても汚れが取れない場合は処分しましょう。

●その4　真正面に鏡を置かない

玄関の正面に鏡があると、入ってきた運気をそのまま外へ跳ね返してしまうので避けましょう。備え付けで動かすことが難しい場合は、次の対応策があります。

・鏡に布などのカバーをかける
・玄関と鏡との間にパーテーションなどの遮るものを置く

また、玄関から入って、左側に鏡を置くと、金運・財産運がアップし、右側に置くと、仕事運・健康運がアップすると言われています。左右両方に鏡を置くと、合わせ鏡になって気が滞留してしまい効果は発揮されないので気をつけましょう。

●その5　アロマやお香を焚く

神様はいい香りが大好きで、貧乏神はカビの臭いやゴミの臭いなど、人が不快だと思う臭いが好きです。アロマやお香を焚くと、香りで場の波動が高まり、貧乏神対策にもなります。柑橘系の香りは金運が高まり、屋久杉の香りは厄が過ぎる・浄化効果があると言われています。

●その6　運気が上がる神アイテムを置く

・水…水が流れるように金運が入ってくるようになります。ただし、何日も水を取り替えずそのままにしていると、逆に悪い気を寄せ付けてしまうので注意。

・水に関する絵や写真…滝や神社の手水舎、絶景ビーチなどの写真もおすすめ。

・盛塩…外からの邪気をシャットアウトして、お金を集めてくれます。

・観葉植物やお花…靴箱の上に置くのがベストですが、たたきを上がった内側の場所でも◎。ドライフラワーは死んだ気なので、生花や鉢植えがおすすめです。また鉢植えの鉢はプラスチック製のものは火の気に属し木の気を持つ観葉植物の働きを封じてしまうので、陶器など、プラスチック以外の素材がいいでしょう。

鰻を食べるだけではない！土用の日の過ごし方

「土用《どよう》」とは五行に由来し、季節の移り変わりをより的確につかむために設けられた日本独自の暦である〝雑節《ざっせつ》〟のひとつです。旧暦では、立春・立夏・立秋・立冬の前の18～19日間をすべて土用と言っていました。現在は土用と言うと「夏の土用」のイメージが強いですが、ほかの季節にも存在するものです。

例年7月20日前後にやってくる夏土用は、土公神《どこうじん》という土の神様の影響が出やすい時期です。土の神様は土の中にいて、ガーデニングや工事などで土を掘ると落ち着かず怒ってしまうため、この時期、土に関すること、土いじりや増改築・地鎮祭などは避けたほうがいいとされています。さらに、物事がスムーズに進みにくい、思うような結果を得づらいということで、旅行・引越し・新居購入・就職・転職・結婚・開業など、人生の大きなイベントも避けたほうがいいとされています。ただし、18～19日間と長い期間の中で、人生の節目を迎えるという方もいらっしゃるでしょう。

そこで避けたほうがいいことを避けられないときの対処法や、何をして過ごすと障《さわ》りを避けられるのか、土用の運気アップアクションを紹介します。

●その1　事前に報告する

避けたほうがいいとわかっていても、どうしても土用の時期に「旅行に行く予定がある」「転職することになった」「結婚式を挙げることになった」という方もいらっしゃるでしょう。そういうときは、あらかじめ土の神様に「こういった事情で○○をします。できるだけ神様の邪魔にならないように作業しますのでよろしくお願いします」など、ひとこと報告をしておきましょう。

たとえば私たちの日常でも、部屋の改装などで工事をすることになったら「騒音でご迷惑をおかけして申し訳ないです」と挨拶をしに行ったりしますよね。こうしたひとことがあるのとないのとでは気持ちも変わってきます。

また、土に触る作業をする場合は庭に、それ以外はキッチンに神様の好きな日本酒をお供えすると喜ばれますし、より気持ちも伝わるのでおすすめです。

●その2　事後に謝る

事前に土の神様に断りを入れずに、ガーデニングで土に触ってしまったり、引越しや結婚など、人生の大きな転機となるような行動をしてしまったら、まずは「土の神様ごめんなさい」と謝りましょう。決して悪気があったわけではないこと、どうしてもこのタイミングを避けられなかったことを説明し、「嫌がることをしてしまいすみません」と、素直な気持ちを伝えることが大事です。

●その3　三宝荒神を参拝する

土の神様の土公神は、三宝荒神《さんぽうこうじん》や普賢菩薩《ふげんぼさつ》と同一視されていることから、これらの神様が祀られている神社やお寺にご挨拶に行くことも、障りを防ぐアクションとなります。参拝し、お札を授かってキッチンに祀ることで、災いを避け、あなたの家の守り神となってくれるでしょう。

●その4　キッチンを掃除する

火を好むことから、かまどの神様と呼ばれている三宝荒神は、浄化の神様でもあり、穢れや邪気を嫌います。また、キッチンは金運と関わりが深く、多くの神様がいる場所ですので、シンクやコンロなどの掃除をしてきれいにしておくことで、神様のご利益を得やすくなります。土用の時期は、普段以上に丁寧に掃除をするといいでしょう。

●その5　キッチンでキャンドルを焚く

かまどの神様と呼ばれるだけあって、火が好きな三宝荒神には、昔からキッチンに火をお供えする習慣がありました。そこで、キッチンでキャンドルを焚くことも、障りや祟りを防ぐアクションです。また、その場が浄化され、波動が高まるお香を焚くこともおすすめです。僕自身キッチンで、キャンドルやお香、お茶などを、その日の気分で変えて焚いています。いい香りが漂うと、神様だけでなく私たちも癒されますよね。

食べるだけで運気が上がる！パワーアップフード10選

運気アップアクションにはいろいろありますが、「簡単に運気を上げられる方法はないのかな？」と思ったことはありませんか？　嬉しいことにあるんです！　食事は、体の中に直接取り入れる行為なので、何を口にするかで、あなたの運気に大きな影響を与えます。食事は日常的なものですから、しっかり運気の上がる食べ物を選んで、日々の運気をパワーアップさせましょう。

●その1　お米

意識せずとも、日々取り入れている方が多いと思いますが、お米は開運フード。お金の代わりに納税に使われていた歴史があるようにお金の気を帯びています。また、お米は「いつまでも平和で豊かな国であるように」という願いが込められ、天照大御神が邇邇芸命《ににぎのみこと》に授け、作られたと言われています。特に、一粒の籾が万倍にも実ると言われる〝一粒万倍日〟に食べると効果絶大です。

●その2　卵

〝生まれる〟ことから新しい出会いやお金を生み出すと言われている卵。風水では丸いものに金運が宿ると言われているうえ、「黄色」も金運アップに繋がるため卵は最強の開運フードです。卵かけご飯、目玉焼き、オムレツなど、さまざまな調理法で取り入れられるのも嬉しいですよね。

●その3　鶏肉

ニワトリは『古事記』や『日本書紀』に〝暁に時を告げる鳥〟として登場しており、神様の使いとされていることから、鶏肉にも金運を呼び込む力があります。僕が住んでいる福岡では、水炊きが有名ですが、個人的に交渉など大事なときには、卵と一緒に取り入れられる「親子丼」をゲンかつぎで食べるようにしています。

●その4　豆

節分の豆まきの由来となっているように「魔に目（魔目）」「魔を滅する（魔滅）」と書くことで邪気を祓い、厄除けになる開運フードです。これまで僕が出会った億万長者の方々は、納豆などの発酵食品を毎日食べて健康に気を遣っている方が多いです。納豆は、悪い気を出しきり、苦手な人間関係を切ってくれる長ネギと一緒に食べるのもおすすめです。

●その5　チョコレート

マヤやアステカなどが栄えた古代メキシコで、神様への捧げ物として儀式に欠かせなかったチョコレート。チョコレートの原料のカカオ豆は、かつて通貨として使われていたので、お金と同等のエネルギーがあります。特にカカオ濃度が高いものや、王室御用達など老舗メーカーのチョコレートは、職人が材料にこだわって作っているので波動が高いと言われています。

●その6　貝

貝もお金の代わりに使われていた時代があり、お金と同じエネルギーを持っています。仕事において豊かな収穫があると言われているので、「金運に恵まれたい」「キャリアアップしたい」という方は貝を使った料理を食べるのがおすすめです。アサリ、牡蠣、ホタテ、鮑などおいしい貝はたくさんありますよね。

●その7　きのこ

きのこは菌類で「金《きん》」に繋がることから貯蓄や財産、不動産などさまざまな金運をアップしてくれます。古来より食用や薬用として活用され、いまだに多くの謎に包まれているきのこは、目に見えない力、不思議な力を目覚めさせてくれるとも言われているのです。

●その8　落花生（ピーナッツ）

地中で育つ落花生は大地の力を蓄え、増える力が強く、たくさん実がなることから縁起物と言われています。運を貯めて増やすパワーがある開運フードです。

●その9　野菜

土から栄養を得て育つ野菜は、金《きん》を生み出す土の気を含んでいます。ぎっしり実がつまったトウモロコシは豊かさの象徴で、太陽のパワーが凝縮されており、かぼちゃには魔除け効果もあります。たくさんの種がつまっているキュウリは多産の象徴と言われているので、ちょっと運気が停滞気味だなというときにおすすめです。

●その10　旬の食材

旬の食材は、ほかの季節よりも香りや旨みが豊かに感じられ、おいしく栄養価も高いこともあり、その季節と土地のパワーが入った開運フードです。フルーツ、野菜、魚など、日本には四季折々の旬の食材があるので、積極的に取り入れてみてください。

上半期の総決算！ 夏越の祓で邪気を祓おう

神社では年に2回、邪気や穢れを祓う大祓《おおはらえ》という行事があります。1回目が6月30日の夏越《なごし》の祓、2回目が12月31日で年越の祓です。『古事記』や『日本書紀』に見られる伊邪那岐命の禊祓《みそぎはらい》を起源としていて、健康であるようにと無病息災を祈る神事として、古来より伝わっているものです。

日々生活をしていると、多かれ少なかれ邪気を浴び、それがたまってしまいます。邪気や穢れを落として浄化をすることで、次の期間に向けて、いいスタートを切ることができます。では具体的に、6月30日の過ごし方について紹介します。12月31日については、179ページの大晦日の過ごし方を参照してください。

●その1　神社に行く

神社では、千萱《ちがや》や藁を束ねた茅の輪が用意されます。この茅の輪をくぐることで穢れが祓えると言われています。そして、人形《ひとがた》という人間の形をした紙に名前を書いて奉納します。神社によってはやっていないところもあるので、事前に調べてから行くといいでしょう。

●その2　粗塩で浄化する

神社に行けないという方は、粗塩を使って浄化しましょう。お風呂に入れたり、持ち歩いたり、料理に入れたりしてお清めをすることで、内側から浄化をすることができます。夏越の祓に限らず、運気に停滞感があると感じたら、粗塩で手を洗うのもおすすめです。粗塩を使ったおむすびを食べるのもいいですね。

●その3　心のつかえを取り除く

家や会社で、「ついつい言いすぎてしまった」「八つ当たりをしてしまった」など、本当は謝りたいけれどタイミングを逃していたり、面識が浅い相手で、今さら謝ることができなかったりという経験はありませんか？　そういった心の中のモヤモヤは、穢れとなって心のつかえになってしまいます。また自責や自己否定の原因となり、波動が下がり、運気も下がってしまうことに……。直接謝ることが理想ですが、勇気が出ない、もう謝ることができない相手の場合は、心の中で相手を思い浮かべて「ごめんなさい」と謝りましょう。声に出せる場合は声に出して謝ってください。個人差はありますが、わだかまりが抜けて、心がスーッと晴れたら完了です。

●その4　半年間がんばった自分を褒める

上半期、平穏無事に暮らせたこと、毎日生活できたこと、がんばったこと、チャレンジしてみたこと、どんなことでもいいので、がんばった自分を褒めて区切りをつけましょう。自分のことを振り返らず、何も達成していないからといって、がんばりを認めない方も多いですが、たとえ何もしていなくても、目標を達成できなかったとしても、あなたはかけがえのない存在です。家族、恋人、友達、ペットなど、何か特別なことをしてもらわなくても、そばにいてくれるだけでうれしいと思うことはありませんか？　ときには憎たらしいと思うこともあるかもしれませんが、本来は、その存在自体に感謝を感じるものです。同様にあなた自身も、生きているだけで、かけがえのない存在。そうやって自分を認め愛することで、残りの半年もまたがんばろうという気持ちになってきます。

神社に行ける方は、ぜひ茅の輪くぐりに参加してみてください。もちろん行けなくても、邪気が祓えないということはありません。家でも浄化はできますし、「その3」と「その4」は、どこでもできるものです。

半年間を振り返り、誰かの支えに感謝をするとともに、あなた自身が周りの人の支えになっていることを実感しましょう。そうやって、体と心の邪気や穢れが祓われることで、残りの半年間の過ごし方も変わってくるはずです。

貧乏神が寄ってこない！大掃除で家をパワースポットに

大掃除とは、古いものから発生する厄を落とし、次の年に向けて福を運んでくれる歳神様をおもてなしするための準備として大事な行事です。家が散らかっていると、歳神様は「歓迎されていない」と帰ってしまい、福を呼び込むことができません。

ここでは、新年をより良い状態で迎えるために、押さえておきたいポイント、また大掃除に限らず、日常的に貧乏神が寄りつかない家を作るために気をつけたいポイントをご紹介します。実践できることから始めて、家自体をパワースポットにしましょう。不運を祓い、運気を上げるアクションを行うと、開運するスピードもアップしていくのでぜひ試してみてくださいね。

●その1　毎日少しずつ掃除する

12月下旬に集中して大掃除を行う方が多いかもしれませんが、江戸時代では、12月13日に江戸城の煤《すす》やホコリを払っていたことから、13日が「煤払いの日」と定められました。煤払いにちなんで、13日から、キッチン、洗面所、リビングというように場所を決めて少しずつ掃除を始めましょう。29～31日は掃除を避け、がんばって28日までにすべてを終わらせるようにスケジュールを立てるといいでしょう。

●その2　家に結界を張る

掃除をする前に、床に粗塩をかけたら、窓をあけて5分間換気をしましょう。その後、ホウキや掃除機で掃除をしてください。そして粗塩、日本酒、アロマオイルのうち、お好みのものを含ませた雑巾を使って拭き掃除をすれば、家に結界を張ることができます。貧乏神が大好きな邪気は床に這いつくばるので、拭き掃除は特におすすめです。盛塩をしている家庭は新しいものに替え、お掃除が終わったら、ティンシャを鳴らすと、歳神様も喜んでやってきてくれるでしょう。

●その3　自分が好きだと思えるスペースを作る

今、自分が住んでいる家が「快適で何の文句もない」という方はいいのですが、「ドラム式の洗濯機が置けない」「靴箱がない」など、もっとこんな家に住みたかった、ここが気に入っていないといった不満など、家庭によってさまざまな悩みがあると思います。実はそのネガティブな感情が貧乏神を引き寄せる原因に繋がるのです。その感情を断つために、家のどこか一角にあなただけのときめきスペースを作ってください。見ているだけで嬉しくなるような場所がひとつでもあると、イライラが吹き飛び、マイナスの波動をリセットできます。家全体を好きになれなくても、少しずつ好きな場所を増やしていくだけで、家の中にいい気を呼び込むことができるのです。

●その4　壊れているものを置きっぱなしにしない

切れかかった電球や壊れた家電など、後で片付けようと思って、家の中に置きっぱなしになっているものはありませんか？　壊れたものを置きっぱなしにしていると、それだけで家全体のエネルギーが下がってしまいます。破れた洋服や焦げたフライパンなど、まだ使うかもしれないと取っておいているもの、使っていないもの、見るだけで気分が下がるものは処分しましょう。寿命が切れかかっているアイテムは、早め早めに手放して、家の中には新鮮な空気が通るように心がけてください。

●その5　床に物を直置きしない

リモコン、カバン、ティッシュ、飲み物など床に直置きしているものはありませんか？　床に物を置いていると、地面に漂う邪気が物に付いてしまい、その物の運気を落としてしまいます。床に物が置かれている状態は、貧乏神にとって、ごちそうが並んでいるようなもので歓迎のサイン。また、床に物があると、人は無意識のうちに「どうしてこんなに片付けられないんだろう」「自分はなんてダメなんだ」とマイナスイメージを持ちやすくなるのです。床に物を置いていなければ、お掃除しやすく、散らかりにくくなるので、家全体が自然ときれいになって、知らず知らずのうちにいい気に包まれます。

1年の総決算! 大晦日の過ごし方

大晦日は1年の邪気を落とし、良い状態で新しい年を迎えるための区切りとなる重要な日です。また夏越の祓の話（171ページ）でも触れましたが、神社では邪気や穢れを祓う行事・大祓が行われます。次の年に向けて、心と体を清め、最大限にパワーチャージするためのおすすめの運気アップアクションを紹介します。

●その1　神社へ参拝する

神社へ参拝に行くことで穢れを祓い、邪気のない浄化された状態で新年を迎えられます。「1年の計は元旦にあり」という言葉の通り、元旦はその年を象徴すると言われているため、邪気をためたまま新年を迎えると、トラブルやアクシデントなど不運を呼ぶ原因を作ってしまうのです。

年末のご挨拶として、神様に1年分の感謝を伝えれば、見守ってくれた神様も喜んでくれるでしょう。

●その2　浄化をする

神社参拝が難しい場合、家で浄化をしましょう。邪気を吸収し家を守ってくれた盛塩を新しくしたり、お香を焚いたり、僕の動画でもおなじみのティンシャや鈴の音を使ったりして、家全体を浄化しましょう。そうすることで結界が張られます。粗塩を入れたお風呂にゆっくりと浸かると自分自身の浄化にもなります。

●その3　そばを食べる

「細く長く」と長寿や健康を願って食べられる年越しそばもおすすめです。そば粉は、金や銀の細工師が散らばった金粉を集めて掃除をするときに使っていたことから金運を集めると言われています。さらに開運フードの卵、商売繁盛が期待できる油揚げ、厄除けになる長ネギを入れると、最強の開運フードの完成です。

●その4　自分に感謝する

この1年、嬉しいこともあれば、そうではないことなど、いろいろな出来事があったと思います。まずは1年を無事に過ごせた自分を「よくがんばったね」と労い、感謝しましょう。そうやって節目の区切りをつけることで、心の自分と思考の自分が一致し、次の年に向けてのモチベーションへと繋がっていきます。

●その5　太陽（＝周り）に感謝する

当たり前のように存在している太陽ですが、太陽なくして私たちは存在することができません。太陽に感謝をすることは、普段あなたを支えてくれている存在に気づくことでもあります。

家族や恋人、友人など周囲に人がいてくれることは当たり前ではありません。太陽や自然、周りの存在に感謝をすると、目に見えない宇宙の力、そして自分がひとりではないことが感じられ、満たされた気持ちで1年を終えることができます。逆に、感謝を感じられないと、人は傲慢になったり孤独や不安を感じたりします。不平不満や物事に対して不足を感じることは存在しないものに目を向けていることと同じです。「これがない」「あれがない」と考えていると、世界はないものばかりになり、そんな現実を連れてきてしまいます。「これがある」「あれがある」と、満たされていることを実感し太陽の恵みに感謝をしましょう。

やってはいけないNG行動

・年越し入浴…入浴は厄を落とす行為です。年を越すと前の年についた厄を新年に持ち越してしまうので控えましょう。

・寝ること…本来、歳神様は元日の朝日とともにやってくるので、お迎えするために寝ずに過ごすという習わしがありました。寝ることは失礼にあたり、神様に仕える義務を果たせていない罰当たりの行為と考えられていたのです。とはいえ、睡眠は大事ですし、元日から予定がある方もいらっしゃるでしょう。そこで、寝る前に「稲積《いねつ》む」、朝起きたときは「稲上げよう」と唱えてください。寝ている間に稲を管理し神事を行っていたことになり、歳神様が福を授けてくださり、生命力みなぎる1年になると言われています。

著者略歴

たかみー

金運上昇にまつわるさまざまなことを伝える金運師。YouTube「金運上昇チャンネル」を運営し、登録者数は28万人を突破。金融会社で3年6か月連続営業成績1位を達成し、飲食店を開業するも人間関係で悩み、自殺未遂、引きこもりを経験した時代に1500万円の借金を抱える。「目先のお金を追う」から「お金を含め、他者のことを考える」ようにした結果、あとからお金が入ってくるようになり借金完済。以後、前を向けずに苦しんでいる方に寄り添い、1人でも多くの方が前向きに人生を踏み出せるようにと発信を続ける。著書に、『金運年鑑』（かんき出版）、『鳳凰の金運上昇アクション』（KADOKAWA）、『寝るだけで運が良くなるお守りの法則』（アルカディア出版）がある。

365日《にち》の最強開運法《さいきようかいうんほう》

2024年12月2日　初版第1刷発行
2025年 1月5日　初版第2刷発行

著　者　たかみー
発行者　出井貴完
発行所　SBクリエイティブ株式会社
〒105-0001　東京都港区虎ノ門2-2-1

装丁・本文デザイン　鈴木大輔、江﨑輝海（有限会社ソウルデザイン）
本文DTP　株式会社三協美術
校　正　新名哲明、有限会社ペーパーハウス
編集担当　加藤有香
編集協力　明道聡子、村上由恵
印刷・製本　株式会社 シナノパブリッシングプレス

本書をお読みになったご意見・ご感想を
下記URL、またはQRコードよりお寄せください。
https://isbn2.sbcr.jp/29694/

落丁本、乱丁本は小社営業部にてお取り替えいたします。定価はカバーに記載されております。本書の内容に関するご質問等は、小社学芸書籍編集部まで必ず書面にてご連絡いただきますようお願いいたします。

ISBN 978-4-8156-2969-4